ETHOLOGIE

OÙ

LE CŒUR DE L'HOMME.

OUVRAGE, où après avoir parlé des principes de toutes nos actions, on entre dans le détail des vertus & des vices, à l'égard de Dieu, de soi-même, & de la société.

Noverim te, Deus, noverim me. S. Aug.

Par le Chevalier DE CRAMEZEL.

À RENNES,

Chez { JULIEN VATAR, père, au coin de la place du Palais & rue de Bourbon. JUL. CH. VATAR, fils, au coin des rues Royale & d'Eſtrées au Parnaſſe.

M. DCC. LVI.

Avec Approbation & Privilège du Roi.

PARTIE II.

VERTUS ET VICES

DE L'HOMME.

A L'ÉGARD DE LUI-MÊME.

L'HOMME né pour être heureux, doit travailler à le devenir, & par consé-quent s'occuper.

Nous traiterons donc avant tout de l'occupation & de l'oisiveté, qui est son contraire. L'excès d'une occupation raisonnable ne seroit pas un vice, il ne pourroit tout au plus qu'altérer la santé du corps; d'ailleurs on trouve-roit peu de vicieux à cet égard.

A

CHAPITRE I.

De l'Occupation.

DANS le monde il y a bien des occupations différentes. Les uns se donnent beaucoup de soins & de mouvemens, afin de contenter leurs passions. Les jours entiers ne leur suffisent pas pour préparer & saisir les moyens les plus prompts d'arriver à leur but : ils y pensent pendant le tems destiné au repos ; & si les fatigues du corps dérobent à leurs méditations profondes quelques momens de sommeil, leur esprit veille sans cesse ; ils ne rêvent que projets, intrigues, cabales, artifices.

D'autres ne s'occupent jamais qu'en s'amusant. Les spectacles, la lecture des romans, ou de ces avortons de littérature frivole que le même instant voit naître & mourir dans les mains du sage, les conversations enjouées, le jeu, en ne le supposant que de simple commerce, les promenades, les longs repas 'e succèdent tour à tour & remplissent tout le cours de leur vie.

Ce n'est point de ces sortes d'occupations criminelles ou inutiles dont il est ici question. Je parle d'une occupation vertueuse, d'un travail avantageux au particulier & à la société: car il est à propos d'avertir ici que l'homme ne peut guère être vertueux ou vicieux pour lui seul.

Travailler ainsi, nous voilà tout entiers. Nous ne naissons que pour cela. Chaque homme fait partie d'un tout organisé qui est le genre humain, & par conséquent qui est destiné à quelque fonction: c'est un ressort qui doit avoir son action déterminée.

Le travail est une justice. Il n'y a

perfonne pour qui toute la fociété n'a-
giffe & ne s'intéreffe. Chacun de nous
doit donc contribuer de toutes fes
forces au maintien de l'harmonie de
toute la fociété. 1°. Si le Marchand
fournit à l'Architecte du drap pour le
couvrir, ou des meubles pour les divers ufages de la vie ; l'Architecte éléve
des magafins ou des maifons commodes
au Marchand. 2°. Si le Magiftrat, par
l'autorité qui lui eft confiée, conferve au
Laboureur fon champ ; le Laboureur y
recueille une ample moiffon pour la
nourriture du Magiftrat. 3°. Si un riche
Gentil-Homme devient l'hôte & l'ami
d'un Sçavant dans l'indigence ; il eft
par celui-ci diftrait utilement pendant
quelques minutes d'idées ou fâcheufes, ou dont la préfence continuelle
deviendroit accablante par la multitude ou par l'importance de leurs objets. Cette réciprocité de travaux &

de fecours n'eft-elle pas l'équité même ?

Le travail eft encore d'une néceffité absolue, tant pour la société dont il eft l'ame & le nerf, que pour chacun des membres qui la compofent, & dont il eft la force & la vie. De même que dans un corps naturel un membre fans mouvemens eft réellement mort, de même auffi dans tout corps politique une perfonne qui croupit dans l'inaction peut être regardée comme privée de la véritable vie. A juger de l'occupation par fes effets, combien doit-elle nous être chère ? C'eft un travail affidu qui nous fait perdre de vue les objets de nos paffions. En n'y penfant point, on ne peut les défirer : les paffions affoiblies ou détruites, le vice fuit, la vertu paroît & établit fon empire dans les cœurs. Sans le travail la furface de la terre n'eût été qu'un vafte défert où les

Hommes auroient vécu moins en Hommes qu'en bêtes sauvages. Combien
de campagnes seroient demeurées sté-
riles, si elles n'eussent été arrosées des
sueurs de leurs habitans! Les Royau-
mes & les Etats ne se sont affermis que
par des loix mûrement réfléchies avant
que d'être sagement portées. L'occupation a été la source féconde de tous
les arts; ou si nous devons l'invention
de quelqu'un d'eux à ce qu'on nomme
vulgairement le hazard, on ne peut
nier que sa perfection ne soit l'effet
d'un travail opiniâtre. C'est lui qui
sur des vaisseaux habilement con-
duits nous transporte au - delà des
mers pour apporter des contrées les
plus éloignées des richesses en tout
genre, que nos climats nous refusent.
C'est lui qui éléve ces fortes citadelles
pour soustraire de tranquilles citoyens
aux irruptions subites d'ennemis fu-

rieux. C'est lui aussi qui par les forces
combinées de différentes machines de
guerre fait tomber les orgueilleux
remparts de sujets révoltés, ou d'é-
trangers injustement aggresseurs. C'est
lui qui sous des toits humbles ou magnifiques, met le Prince & les sujets
à l'abri des injures des saisons, dépouille les animaux pour revêtir les
Hommes, qui apprête à ceux-ci les
mets dont ils se nourrissent d'une manière qui satisfait, excite ou réveille
leur appétit. C'est lui enfin qui décide
leurs différends, fait revivre la paix
dans les familles, calme les esprits,
convertit les cœurs, & ranime souvent, avec le secours de Dieu, cette
fragile poussière que nous appellons
notre corps, lorsqu'elle semble prête à
se dissiper dans la nuit du tombeau.

On peut dire que le travail est père
de nos espérances & de nos avanta-

ges, & qu'il est fils de nos craintes &
de nos besoins. Voulez-vous réussir
dans quelque affaire ? travaillez y sérieusement ; vous pourrez raisonna-
blement compter avoir un bon succès ;
& rien ne rend les Hommes plus in-
dustrieux que l'épreuve des dangers
& que la nécessité.

Mais que faire pour bien s'occuper ?
Il faut employer utilement le tems.
La vie est un talent que l'auteur de la
nature nous a donné : nous devons le
faire valoir. Connoissons le prix de
tous les instans, & nous n'en laisse-
rons passer aucun sans le mettre à
profit.

Or quel bon emploi doit-on faire
du tems ? Il faut le consacrer à la perfection de son esprit & de son cœur ;
& cela par l'étude des connoissances
utiles, & par la pratique des bonnes
mœurs. Comme tout cet ouvrage n'est

qu'un traité des bonnes mœurs, nous
ne dirons qu'un mot de l'étude de la
littérature & des sciences, ou plûtôt
du goût qui en est le fruit & auquel
on peut opposer la prévention. Mais
avant de passer au goût, donnons suivant notre coutume un trait d'histoire
relatif à l'occupation.

STILPON.

Stilpon de la ville *de Mégare* a été
renommé parmi les plus grands Philosophes de son tems. Il étoit naturellement porté à l'amour du vin & des
femmes, mais il sçut vaincre ces passions, en méditant jour & nuit les
meilleurs livres, & c'est à cette occupation continuelle qu'il a dû l'estime de
tout le monde, & ce témoignage fa-
vorable de ses amis, *que jamais on n'a
apperçu en lui aucun signe, aucun ves-
tige d'yvresse ou de cupidité.* Ciceron.

Du Goût.

On peut bien sentir le goût : mais il n'eſt pas aiſé de le définir. Dans les arts, c'eſt ſi l'on veut l'unité de deſſein de l'ouvrage entier, la vérité des rapports de toutes les parties qui le compoſent, la ſimplicité, la beauté de leur enſemble, la nobleſſe de l'éxécution, & ſurtout une entière conformité avec la nature. Souvent le goût viole les régles : il leur eſt ſupérieur : une exactitude rigoureuſe ne feroit quelquefois ſur l'ame que des impreſſions froides & languiſſantes. Le goût n'eſt qu'un en lui-même ; & quoique l'on diſe communément que chaque nation a ſon goût, & qu'il change avec les tems, je penſe que le principe de tant de changemens, eſt unique & invariable, & que toutes ces différences du goût ne ſont qu'autant de nuances qui le modifient, & de formes ſous leſ-

quelles il se présente toujours & essentiellement le même. Ne parlons
ici du goût que dans le genre littéraire.
C'est un discernement juste qui nous
fait porter de nous comme des autres
des jugemens conformes à la vérité.
Auteurs, lecteurs, tout le monde se pi-
que d'avoir en partage un don si précieux. Cependant il existe chez bien
peu de gens !

Rien n'est plus ordinaire que la témérité avec laquelle on condamne un
nouveau livre. 1°. Le lecteur est souvent un juge très-incompétent. 2°. En
le supposant un excellent connoisseur,
il faut pour déférer à son jugement
que je le connoisse exempt de toute
préoccupation, de tout motif d'intérêt, d'envie, de jalousie, & que je
sçache qu'il ne s'est pas contenté de
parcourir l'ouvrage, mais qu'il l'a lu
attentivement. Or il n'y a rien de si

rare qu'une décifion accompagnée de
ces circonftances réunies.

Il y a des perfonnes que l'utilité publique, jointe à un fentiment modefte
de leur capacité, engage dans le dangereux métier d'écrire. Leurs produc-
tions font prefque toujours goûtées,
parce que partant d'un motif auffi noble que jufte, elles font le fruit du
tems, de la réfléxion, & d'un talent
dont on n'a pas cherché à excéder les
bornes.

On voit au contraire aujourd'hui
un grand nombre de gens, qui dans
l'efpérance de fe faire un nom ou dans
la néceffité actuelle de pourvoir aux
befoins de la vie, fe mettent à noircir
du papier. Combien depuis dix ans
eft-il forti de deffous la preffe de
lourdes traductions, de romans frivoles, & furtout de méchans vers! Il
n'y a rien que d'infipide dans de tels
ouvrages, parce qu'il n'y a point de

diſcernement chez leurs auteurs : S'ils euſſent peſé leurs forces, ils auroient juſtement appréhendé d'entrer dans une carrière auſſi pénible.

Enfin il y a des Hommes lettrés qui ſentent bien que s'ils écrivoient ils ſeroient au-deſſus des méchans auteurs ; mais qui perſuadés qu'ils n'égaleroient pas les bons, ne veulent point augmenter le nombre des médiocres. Ce ſont eux qui ont véritablement du goût. Ils pourroient néanmoins prendre l'eſſor : c'eſt donner de l'accroiſſement à ſes forces, que d'en faire un eſſai prudent & combiné. Mais il faut commencer à déployer ſes aîles ſous les yeux de conducteurs habiles, avant que de s'élancer dans l'immenſité du monde littéraire.

LES LACÉDÉMONIENS.

Les Lacédémoniens firent tranfpor-
ter hors de leur ville les ouvrages du
poëte Archiloque, parce qu'ils jugè-
rent que la liberté de fes tableaux &
de fon ftyle feroient plus de tort aux
mœurs de leurs enfans, que la beauté
de fa diction, le feu de fes penfées, ne
leur feroient avantageux pour les progrès de l'efprit. Qu'un goût fi éclairé,
fi fage n'eft-il paffé jufqu'à nous! Les
impiétés les plus horribles, les infa-
mies les plus honteufes ne fe feroient
pas fait lire de la plûpart des jeunes
gens, à la faveur de ce qu'une verve
licentieufe a de plus fort. Valere maxime.

De la Prévention.

La prévention eft une préoccupation de l'efprit, qui l'empêche de dif-

cerner le vrai du faux, ce qui est juste
de ce qui ne l'est pas. C'est souvent
l'amour-propre qui l'enfante. On s'i-
magine être en état de décider au premier coup d'œil, & sans une attention
réfléchie. La première lueur de raison, une ombre de vrai-semblance
paroît une vérité certaine : on s'en
tient là ; on se détermine, & lorsqu'on
a pris une fois son parti, on ne s'en
départ jamais, persuadé téméraire-
ment que l'on est plus que suffisam-
ment instruit de tout. L'Homme prévenu ne voit que les raisons qui favo-
risent son opinion : il en sent bien
toute la force ; mais il ne s'éléve pas
dans son esprit le plus léger nuage qui
altère l'éclat de son évidence prétendue : delà les progrès rapides que fait
chez lui la prévention. Elle devient
presque en un instant un jugement
porté avec tant d'assurance que le plus
sérieux examen ne pourroit le faire ré-
voquer ou même suspendre.

Il ne faut pas toujours accuser d'i-
gnorance ou de mauvaise foi quelqu'un qui s'entêtera sur un faux sentiment : il peut n'être que prévenu. Il
est cependant vrai que les préventions
que cause l'amour propre, sont ordinairement les plus défavorables au prochain, parce qu'il est bien rare que
l'estime immodérée de nous-mêmes
ne soit pas accompagnée de quelque
secrette envie ou jalousie du mérite
que nous cherchons à diminuer dans
les autres. Ce qui fait que nous pre-
nons plaisir à former ces préventions,
à nous y entretenir, & à les communiquer, on les reçoit aisément ; &
combien de jugemens faux ou malins
ne font pas & la personne prévenue
& celle qui l'écoute !

Il y a des préventions d'une autre
espéce, toutes en faveur de ceux en
qui nous avons mis notre confiance.
Nous leur croyons une probité à tou-

te épreuve, & une étendue de lumières qui nous fait déférer aveuglément
à leurs décisions. Nous craindrions de
leur faire injustice si nous agissions
autrement. Elles sont nos oracles :
nous ne pensons, nous ne jugeons que
d'après elles, & nous tombons dans
l'erreur, sans en avoir eu le moindre
soupçon. Ces sortes de préventions
ont séduit bien des Magistrats d'ailleurs fort intégres ; & combien de Citoyens n'en ont-ils pas été les mal-
heureuses victimes ? Les Grands ne
peuvent s'en préserver que très-diffici-
lement : ne voyant jamais rien que par
les yeux des autres ; leur religion pouvant être à tout moment surprise par
de faux exposés, ils ont besoin de
toute la pénétration d'esprit possible,
& d'une recherche exacte guidée par
une sorte de méfiance, pour ne point
se laisser abuser ; & quand ils le font,
leur bonne-foi ne les excuse pas de tout

te faute. Mais la faute devient un crime capital, si connoissant l'importance d'une affaire ils ne veulent pas
prendre la peine de l'examiner, &
s'ils s'en rapportent à des secretaires
ou autres gens subalternes, & souvent
nécessaires.

Enfin les préventions en genre de littérature, qui sont les seules que l'on
puisse opposer au goût dans le même
genre, démontrent ou la foiblesse ou
la paresse de l'esprit. C'est un défaut
commun à presque tous les disciples
de jurer sur les paroles de leurs maî-
tres. L'autorité des Aristotes, des Pla-
tons, des Descartes, des Newtons,
des Leibnitz est certainement très-res-
pectable ; mais celle de la raison l'est
encore plus. Ne pouvoir examiner par
soi-même leurs écrits pour discerner
le bon du mauvais, la vérité de son
contraire ; c'est avoir un esprit bien
borné, & par conséquent peu capable

de porter des jugemens fains : c'eft
n'avoir aucun goût. Négliger de le faire, quand on fe fent de la fagacité ;
c'eft une pareffe condamnable, & qui
tend à la deftruction du goût. Autrefois l'autorité étoit d'un fi grand poids
dans les écoles philofophiques, que la
première preuve qu'on apportoit de la
vérité d'une thèfe, c'étoit qu'Ariftote
l'avoit établie; & en théologie lorfque Scot & St. Thomas fe trouvoient
d'un même fentiment, ils ne fouf-
froient aucune contradiction ; parce
qu'on les fçavoit ardens à difcuter en
toute rigueur l'un les opinions de l'autre. Aujourd'hui les philofophes ne con-
fultent que la raifon, & les théologiens
ne jurent que fur le confentement una-
nime des pères de l'Eglife & des docteurs des écoles chrétiennes, & non
fur ce qu'a dit ou penfé tel ou tel père,
tel ou tel théologien en particulier.

Ainfi voulons-nous conferver le

vrai goût dans la littérature & dans les
sciences. Sans méprifer l'autorité de
ceux qui s'y font le plus diftingués,
examinons ce qu'ils ont enfeigné avant
de devenir leurs fectateurs. Apportons
à cette difcuffion toutes les conditions
requifes, une certaine fphère de con-
noiffances, fur-tout rélatives aux ma-
tières dont il s'agit, un raifonnement
jufte, une attention redoublée, une
exemption entière de toute paffion &
de tout préjugé; & notre examen, loin
de paffer pour témérité, fera approu-
vé comme l'effet d'une conviction des
limites de l'efprit humain. Defcartes
en fe défiant de la doctrine d'Ariftote, nous a appris lui-même à foupçon-
ner la fienne, & celle de tout autre,
quelque grande que puiffe être fa réputation. Eft-il poffible en effet de blâ-
mer fans injuftice un Homme fenfé,
qui évoque au tribunal de fa raifon

tous les différends des sçavans & des philosophes, lorsqu'il voit les plus profonds & les plus éclairés d'entre eux, être sur les mêmes sujets de sentimens, diamétralement opposés ?

C'est son goût qui appelle de leur raison à la sienne ; & c'est son travail assidu qui tirera enfin la vérité de l'abîme où ils la tenoient peut-être ensevelie sous l'amas monstrueux de leurs vaines subtilités, & de leurs sistêmes chimériques.

Il est tems présentement de parler de l'oisiveté, le contraire de l'occupation, après néanmoins que nous aurons rapporté un trait d'histoire sur la prévention.

GALILÉE.

Galilée célébre mathématicien, l'un des plus grands génies du 17e. siécle,

eut dès fon enfance une violente inclination pour la philofophie & pour
les mathématiques , & fit dans ces fcien-
ces de vaftes progrès. Il fut choifi
pour être Profeffeur de Mathématiques
à Padoüe en 1592. Cofme II. grand
Duc de Tofcane l'appella enfuite à Pife,
puis à Florence, où il lui donna le
titre de fon premier philofophe, & de
fon premier mathématicien. Galilée
ayant embraffé le fiftême de Copernic,
fut déféré à l'inquifition de Rome , où
le Cardinal Bellarmin lui fit promettre
en 1616 de ne plus défendre ce fifté-
me ni de vive voix ni par écrit. Mais
Galilée ne tint pas fa parole. Il publia
feize ans après fon Dialogue fur les
fiftêmes de Ptolomée & de Copernic ,
dans lequel il entreprit de prouver le
mouvement de la terre, & l'immobilité du foleil. Cet ouvrage fit du bruit,
& Galilée fut de nouveau cité à l'in-

quifition , qui le contraignit par un
décret du 21 Juin 1633 d'abjurer fon
fiftême comme une erreur , & comme
une héréfie. Il fut condamné par le
même décret à demeurer en prifon autant de tems qu'il plairoit aux Cardi-
naux inquifiteurs ; mais ils fe conten-
tèrent de le renvoyer dans les états
du Duc de Florence , où il eut en quelque forte pour prifon la petite ville
d'Arcetry avec fon territoire. On eft
préfentement convaincu qu'il n'y avoit
que la prévention qui pût lui fufciter
tant de perfécutions. L'immobilité de la
terre n'eft point une vérité ou un dog-
me de foi : ce n'eft qu'une pure quef-
tion d'école & une vieille erreur popu-
laire. Sa femme par une dévotion mal
entendue , mit entre les mains de fon
confeffeur, homme également prévenu & ignorant, plufieurs manufcrits
de fon mari qui furent vraifemblable-

ment jettés au feu, puisque ces ouvrages font malheureusement perdus pour la postérité. *Dict. hist. de l'Abbé l'Avocat, Voyez pages 779, le voyage d'Angleterre par M. de Cramezel.*

De l'Oisiveté.

Autant nos passions s'affoiblissent par le travail, autant elles se fortifient par l'oisiveté. L'ame n'est essentiellement que pensée; & ne s'occupant point d'objets solides & fructueux, elle ne peut que s'amuser d'idées frivoles & dangéreuses, qui flattent l'amour propre & reveille les appétits sensuels. C'est donc avec raison que les Hommes de tous les pays & de tous les siécles ont nommé l'oisiveté la mère de tous les vices.

Elle est elle-même l'injustice la plus monstrueuse. Tout se réunit pour la condamner. Tout reproche au paresseux feux l'inutilité de fon être. Tout le rappelle à fes devoirs, à l'occupation, à l'avantage public. Le feu eft dans une continuelle agitation, l'air eft toujours en mouvement, l'eau coule fans ceffe, & tout cela pour notre utilité : la terre ne fe laffe jamais de produire les végétaux, les fruits, les minéraux qui font pour nous d'une néceffité fi indifpenfable ; les animaux mêmes confpirent par leurs différens travaux à pourvoir à nos befoins. C'eft l'induftrie des vers à foye qui nous fournit une partie de nos vêtemens. Quelle activité chez les abeilles pour recueillir les meilleurs fucs de toutes les plantes, & quelle attention jaloufe à en compofer une manne admirable pour la nourriture & la fanté de l'Homme ! Tout agit dans l'univers ; le feul pareffeux s'opiniâtre à refter dans l'inaction. Il aime & veut

le travail chez tout ce qui n'eſt pas lui.
A-t-il une terre ingrate ? il ſe plaint de
ſa lenteur à fructifier. Il exige de ſes
domeſtiques des ſoins , des veilles ,
des peines ſans nombre , tandis que
nonchalamment étendu ſur un ſofa
dans les bras de l'oiſiveté , il ſe croit
ſeul exempt de la loi que l'auteur de
la nature impoſe à tout ce qui éxiſte.
Quelle contradiction dans ſon procédé ! Ne mériteroit-il pas que le ſoleil
ceſſât de luire pour lui , que les élé-
mens ne lui prêtaſſent aucun ſecours ,
que l'univers entier ſourd à la voix de
ſes beſoins l'abandonnât à leur empire ? Si c'étoit la punition ordinaire des
gens livrés à l'oiſiveté , combien ſe ré-
veilleroient de l'engourdiſſement où
elle les tient enchaînés ? Mais malheu-
reuſement combien de charges , d'em-
plois , & ſur-tout de bénéfices ſont
la récompenſe de la baſſeſſe & de la

flatterie, & deviennent de nouveaux titres de paresse & d'inutilité!

Rien n'est plus pernicieux à la société que l'oisiveté. L'expérience nous apprend que les peuples les plus ennemis du travail sont en même-tems les moins vertueux, & les plus malheureux. Ils envisagent une occupation sérieuse & continuée comme contraire à leur bien-être : aussi aiment-ils mieux manquer de beaucoup de choses que de travailler à les acquérir. Or des Hommes assez lâches pour se priver eux-mêmes de ce qui pourroit leur être utile & nécessaire, ne s'inquiéteront guères des intérêts publics. Delà le commerce dépérit, les arts & les sciences languissent, & un état est moins un composé de parties animées qu'un squélette desséché, sans vie & sans consistance.

Il y a des personnes naturellement

négligentes sur leurs intérêts temporels. Si c'est la grande & unique affaire du bonheur éternel qui en est la
cause, je ne les blâme point absolument, quoique cependant il soit dans
l'ordre du salut de veiller aux affaires
du siécle, sinon pour son avantage
particulier, du moins pour l'utilité des
siens ou de toute la société; souvent
même ce seroit une grande faute d'agir
autrement.

Si l'Homme oisif est un poids inutile sur la terre, celui qui fait toute autre chose que ce qu'il devroit faire,
n'est pas moins à charge à la commu-
nauté des Hommes; toutes ses actions
étant déplacées, elles ne peuvent être
d'aucune utilité: & combien de fois
n'arrive-t-il pas qu'elles sont nuisibles
par elles-mêmes & contraires à celles
qui se font selon l'ordre? & par conséquent comme elles dérangent alors

l'harmonie qui doit être l'ame de toute société, il vaudroit mieux qu'elles n'existassent point. Ainsi agir mal est encore pis que de ne point agir. Au reste les Hommes en n'agissant point, apprennent toujours à mal agir.

L'Homme ne peut travailler sérieusement à son bonheur, qu'il ne s'efforce d'acquérir de la *prudence* dans ses projets, de la *modération* dans ses désirs, de la *tempérance* dans ses appétits corporels.

L'*inconsidération* & la *précipitation* péchent contre la prudence par défaut, & l'*indécision* par excès.

On ne peut pécher par excès contre la modération dans les désirs. Or j'appelle ici désirs les mouvemens qui portent l'ame vers des objets qui n'affectent pas immédiatement les sens, à la différence des appétits corporels ; & ces objets ne peuvent guère être

que la gloire & les honneurs. *L'am-*
bition, fille de *l'orgueil* & de la *vanité*,
est donc le péché par défaut contre
cette modération.

L'incontinence ou l'amour de la *vo-*
lupté, & la *gourmandise*, sont des vices par défaut contre la *tempérance*,
dont les branches sont la *chasteté* & la
sobriété. Il n'y en a point par excès
contre ces vertus.

Je pourrois traite de *l'avarice* dans
cette seconde partie; mais elle trou-
vera mieux sa place dans la troisiéme:
car je regarde ce vice comme l'injustice la plus énorme contre la société.

LICURGUE.

Licurgue Législateur des Lacédémoniens avoit tant de crainte & d'horreur
pour l'oisiveté & pour ses funestes suites, qu'il voulut que les jeunes gens
s'occupassent continuellement aux exer-

cices du corps, à la chasse, à la course, à la lutte, à tirer de l'arc, &c.
Il fit même une loi qui excluoit des
honneurs & des charges tous ceux qui
se refusoient à ces exercices, auxquels
il avoit même assujetti les filles. Il
bannit de sa République tous les arts
& tous les métiers inutiles, & qui ne
pouvoient servir qu'à entretenir le
luxe, la molesse, la curiosité & la vanité; tels que sont l'orfévrerie, la pein-
ture & la sculpture &c.; aussi selon
moi, devoit-il y comprendre la rhéto-
rique? *Plutarque.*

CHAPITRE II.

I.

De la Prudence.

LA prudence est l'art de choisir des moyens convenables pour arriver à une fin honnête. Elle ne veut point tromper, & elle ne peut être trompée que rarement ; c'est l'œil de l'ame, & le flambeau de la raison. Elle ne consiste pas dans une seule action, mais dans l'habitude formée des projets mûrement concertés, sagement déterminés, promptement éxécutés. Il ne faut pas la confondre avec la ruse qui s'inquiette peu de nuire, pourvu qu'elle parvienne à ses fins bonnes ou mauvaises. Ce ne seroit plus une vertu, mais un vice, & le plus odieux de tous.

On distingue trois sortes de prudence. La prudence politique, qui a pour
objet le bonheur de tout un peuple,
& dont la régle fondamentale est que
les loix d'un souverain tendent à rendre ses sujets bons & heureux, & qu'elles soient rigoureusement observées.
La prudence économique, dont la
sphère est le cercle étroit d'une famille, & dont les régles sont les mêmes,
proportion gardée, que celles de la
prudence politique; car si un royaume n'est autre chose qu'une grande famille, une famille peut bien s'appeller
un petit royaume. Enfin la prudence
monastique ou individuelle, qui a pour
but la félicité d'un Homme considéré
comme isolé & dégagé de toute liaison
ou société.

Je dois parler ici de cette troisiéme
espéce de prudence. Pour ce qui est
des deux autres, j'en traiterois dans

la troisiéme partie de cet ouvrage, si
si je ne m'étois restraint au développe-
ment des vertus & des vices de l'Homme en général, & non du prince, du
père de famille, & du particulier.

L'Homme prudent doit avoir l'esprit orné de connoissances & le cœur
enrichi de vertus, afin que ni l'ignorance ni la malice ne puissent jamais le
détourner de ce qui est raisonnable.

Il ne se propose rien que d'utile, &
il ne regarde comme tel que ce qui
est juste & honnête.

Pour le faire agir, il ne suffit pas
qu'une fin lui paroisse bonne; il n'y
tendra point, si on n'y peut arriver
que par d'injustes moyens.

L'Homme vraiment prudent est persuadé que ce qui plaît n'est pas toujours permis, & qu'il faut souvent
s'abstenir de ce qui l'est.

Il pèse avec soin tous les moyens,
& de plusieurs il choisit le meilleur ré-

lativement aux circonſtances du lieu, du tems, des perſonnes; d'autant que le bien & le mal, l'avantage & le déſavantage conſiſtent ſouvent plûtôt dans les circonſtances que dans la ſubſtance même des choſes.

Quand il a une fois dirigé ſes vues, il rappelle ſans ceſſe au terme de ſes penſées toutes les puiſſances de ſon ame. Sa mémoire lui retrace des poſitions ſemblables à celle où il ſe trouve, des exemples de ſuccès bons ou mauvais dans une affaire toute pareille : ſon attention examine les différences; ſa prévoyance le met en garde contre les obſtacles; ſon courage les lui fait franchir. Il ne connoît rien de plus honteux que d'être contraint de ſe dire après avoir échoué : Je n'avois point penſé à cela; *Non putabam.*

Il ne ſe détermine pas aiſément; il réfléchit beaucoup : mais eſt-il décidé, il exécute auſſi-tôt.

Constant dans la résolution qu'il a prise, il n'en change point que les circonstances ne changent; & lorsque cela arrive, il ne se fait aucune peine de se désister de son premier dessein, le changement n'étant point alors en lui, mais dans l'objet.

Ses actions ne sont jamais l'effet du hazard ou de la précipitation. Il en est le maître autant que de lui-même. L'événement répond-il à ses espérances, il en devient plus actif, plus courageux. A-t-il mal réussi, il en acquiert plus de précaution pour l'avenir.

Il ne regarde aucune chose comme assez facile pour ne pouvoir pas souffrir de grandes difficultés, ni comme si difficile qu'avec de la constance & de la fermeté on n'en puisse venir à bout: & ainsi il ne commence rien qu'il ne finisse.

Il agit, & l'événement est bon ou mauvais; mais il ne se repent jamais, parce

parce qu'ayant eu l'intention droite,
& l'ayant éxécutée, s'il réuſſit, il mérite des éloges; s'il échoue, il bénit
ſans ſe troubler les ſecrets impéné-
trables de la Providence, & d'ailleurs
il n'ignoroit pas qu'un ſuccès fâcheux
ſuit quelquefois la conduite la plus
meſurée. Il eſt aiſé de voir que pour
l'accompliſſement d'une action vr..-
ment prudente; il faut, 1°. que la volonté ne deſire rien que d'utile, &
qu'elle engage l'entendement à trouver les moyens propres pour acquérir
la jouiſſance de la choſe deſirée. 2°.
Que l'entendement obéiſſant à la
volonté cherche les moyens qui
peuvent conduire à la fin propoſée.
3°. Qu'il les examine, les compare,
& juge quel eſt le plus convenable.
4°. Qu'il annonce à la volonté celui
qu'il a jugé le meilleur, & qu'il la détermine à l'embraſſer. 5°. Que la volonté ſuive le conſeil de l'entende-

ment ; je parle ici d'un Homme prudent , & dont par conféquent l'entendement eft jufte & fein , & la volonté
droite & pure.

Mais où l'entendement trouvera-t-il
les moyens dont il s'agit ? Dans quelqu'une des fources que je vais indiquer.

La première eft la lumière naturelle. Toutes les réfléxions de l'Homme
prudent roulent fur ces deux queftions.
Telle chofe eft-elle poffible ? Convient-
il de la faire ? Voici les principes gé-
néraux fur lefquels la première de ces
deux queftions éxige qu'on s'arrête.

*Tout eft poffible quand le pouvoir ré-
pond au vouloir* ; parce-que pofés la fin
& les moyens, l'effet fuit néceffaire-
ment.

*Lorfque la volonté eft ferme, la cho-
fe eft à moitié faite* ; d'autant qu'une
réfolution conftante étend les lumières
de l'efprit , & en aiguife la perfpica-
cité.

Un prompt secours rend aisé ce qui sans aide seroit très-difficile.

Qui a fait plus, peut faire moins.

Si vous avez pu une chose, vous en pourrez une semblable. Ce qu'un Homme a fait, un autre Homme peut le faire.

Chacune de ces trois dernières propositions suppose mêmes circonstances & toutes choses égales.

Voici les principales maximes sur ce qui est convenable.

Ce qui est utile à la vie de l'Homme est convenable; tout dans la nature conspirant à la conserver.

Tout convient quand il est louable; puisque l'honnêteté seule mérite des éloges.

Rien de ce qui convient n'est injuste; ne pouvant y avoir de compensation entre l'utilité personnelle, & le désavantage d'autrui.

*Tout ce dont nos amis se réjouissent,
& dont nos ennemis s'attristent, nous est
convenable & avantageux :* En effet,
ce que nous souhaite celui qui nous
veut du bien, ne peut être un mal, &
nous ne trouverons jamais le bien dans
ce que nous desire celui qui nous veut
du mal.

*De deux choses qui ne conviennent
point, celle qui est la moins désavanta-
geuse doit être réputée convenable, lorfqu'on ne peut éviter ni l'une ni l'autre;*
parce que dans la nécessité absolue, le
moindre mal est regardé comme un
bien. Au reste la pratique de ces maximes doit se régler sur les circonstances dont elles dépendent.

La seconde source des moyens de
prudence consiste dans les préceptes
des sages; & je ne rougis point d'a-
joûter, dans les proverbes même les
plus communs. Ils sont la voix du pu-

blic, la philofophie du tems, & comme anciens on doit fouvent les prendre pour autant d'aphorifmes de la prudence.

La troifiéme eft une attention réfléchie fur les effets de la nature & de l'art, où nous appercevons des vérités de pratique, des régles de conduite dans le commerce des Hommes. Plus les animaux font parfaits, plus la nature eft de tems à les faire éclore ; & plus des projets font importans, plus on doit les péfer, les combiner, y réfléchir avant que de les produire au grand jour.

Un frélon pareffeux naît dans une ruche d'abeilles induftrieufes, & il en dévore le miel ; c'eft l'image fenfible de ce fils infenfé, qui par fes débauches anéantit un bien que lui ont laiffé fes pères, & dont il eft redevable à toute une famille.

C iij

La médecine a deux parties : elle nous préserve du mal que nous craignons, & nous en guérit, lorsque nous en sommes attaqués. Il en est ainsi de la prudence, qui empêche l'Homme de mal agir, & le corrige des fautes qu'il a pu faire.

L'agriculture nous fait voir qu'un petit champ bien cultivé rapporte beaucoup plus qu'un champ vaste sans culture ; & la réfléxion nous apprend qu'un esprit médiocre, mais qui étudie beaucoup, fait bien plus de progrès qu'un grand génie qui ne cultive ses talens que rarement & nonchalamment.

Un bon pilote est le parfait modèle de l'Homme prudent : celui-là examine souvent sa carte, & observe sous quel pôle, à quel dégré de longitude ou de latitude, & à la faveur de quel vent il vogue, afin d'éviter les coutans, les écueils, les bancs de fable contre lesquels il pourroit échouer : celui-ci dans quelqu'entreprise qu'il s'engage, ne cesse en la poursuivant de considérer attentivement les circonstances des lieux, des tems & des personnes, pour se souftraire à tous les inconvéniens.

Là quatriéme & la cinquiéme source où nous devons puiser des moyens sûrs de nous bien conduire en tout, sont l'exemple & l'expérience.

L'exemple nous montre les bons & mauvais succès de ceux qui nous environnent, nous en découvre les causes, & nous rend plus courageux ou plus attentifs ; & quand nous sommes l'un & l'autre, c'est alors que nous méritons d'être appellés véritablement prudens.

L'expérience propre opère la même chose, mais avec plus d'efficace, d'au-

tant que ce qui nous affecte personnel-
lement, fait dans notre ame une im-
preſſion bien plus intime & bien plus
vive.

J'ai déja averti qu'on ne confondît
point la prudence avec la malice ou la
ruſe, qui ne peuvent tendre qu'à une
fin mauvaiſe & injuſte, & qui par
conſéquent ſont des vices monſtrueux.

L'imprudence leur ſeroit préférable.
Celle-ci n'eſt qu'un vice de l'eſprit,
les deux autres ſont la corruption même du Cœur. L'imprudent & le ruſé
ont des défauts; mais avec cette différence, que l'un ſe conduit ouvertement & découvre les ſiens avec ſimplicité, & que l'autre n'emploie que des
ſouterrains, & cache ſous le voile de
la diſſimulation les paſſions les plus dé-
réglées. Celui-ci, en comparaiſon du
premier, ſemble prudent; & l'imprudent mis en parallele avec le ruſé, pa-

roît innocent. La ruse naît des fami-
liarités contractées avec tout ce qu'il
y a de méchans & de fourbes dans le
monde, & devient une source féconde
de maximes impies, pernicieuses &
cruelles : l'imprudence vient au contraire de l'inexpérience & des bornes
naturelles de l'esprit ; elle enfante une
certaine simplicité qui paroît une vertu
à la stupidité, & que les effets prou-
vent bientôt être un défaut, mais
bien moins dangereux que la ruse,
celle-ci étant le mal des autres, lorsque la première n'est nuisible qu'à elle-même ; aussi chacun plaint celui qui
a échoué par imprudence, & tous se
réjouissent du mauvais succès d'un
fourbe, dont les ruses & la malice
ont trompé les criminelles espérances.

Passons aux vices contre la prudence, après avoir rapporté cependant un
trait historique rélatif à cette vertu.

CALPURNIUS FLAMMA.

Calpurnius Flamma, selon Aurele Victor, (quelques Auteurs nomment le Tribun dont il est question *Q. Cædicius* & d'autres *Leberius*,) Tribun militaire, sauva par sa prudence l'armée romaine, qui dans la première guerre en Sicile contre les Chartaginois, s'étoit malheureusement engagée dans des bois au pied d'une colline, de laquelle les ennemis s'étoient emparés. Il alla trouver le Consul, & lui représenta le danger qu'il y avoit à ne pas chercher à sortir d'un lieu si désavantageux; que pour y réussir il falloit envoyer quatre cens hommes occuper un rocher qui s'élevoit au milieu des ennemis; que les Chartaginois s'avanceroient pour les repousser, & que pendant cette action qui ne pouvoit qu'être vive & opiniâtre, il auroit le tems de retirer ses troupes d'un poste où leur perte étoit inévitable, si elles y demeuroient. Le Consul trouve l'avis fort bon : mais comme des 400 soldats, il n'y avoit pas d'apparence qu'il en revînt un seul, il demanda à Calpurnius, qui voudroit les commander ? Moi, répondit cet Officier aussi brave que prudent, & je m'estime trop heureux de perdre la vie pour le salut de la république. Les 400 hommes que le Consul lui donna, animés des mêmes sentimens, volèrent au danger. Ils n'en revinrent point ; mais la valeur avec laquelle ils vendirent cher leurs vies à l'ennemi, produisit l'effet qu'avoit sagement prévu Calpurnius, & sauva l'armée romaine. Ce Tribun fut le seul qui ne périt pas dans cette entreprise, quoiqu'il fut couvert de blessures. *Auju. Gelle. Tite-Live, Seneque, Aurele Victor.*

I I.

De l'Indécision.

L'Homme indécis ne se détermine jamais sur ce qu'il s'est proposé, parce qu'il craint toujours de ne point réussir ; & cette crainte, excès de prudence, peut naître de deux sources diamétralement opposées, du trop de ténébres ou de lumières dans l'entendement.

Cléon médite le projet de passer le reste de ses jours à la Cour. Il sçait que c'est le théatre où la fortune dispense en aveugle ses faveurs & ses disgraces. Il n'ignore pas qu'il est des moyens de se la concilier, & une belle perspective d'éclatantes dignités est ce qui l'invite à y aller jouer le role de courtisan. D'un autre côté, l'exemple de tant d'illustres malheureux, que la jalousie de leurs rivaux a dépossédés

des premières charges, le détourne de
son deffein, & l'engage à mener dans
le fein de fa famille une vie moins brillante, mais plus tranquille. Au milieu
de fes incertitudes quel parti embraffe-
ra-t-il? Aucun, parce que la fphére de
fon intelligence eft trop étroite, & qu'il
ne peut faire une jufte combinaifon des
avantages ou des dangers de l'un ou
de l'autre des deux états fur lefquels
il délibére. S'il vit dévoué au repos
& à l'obfcurité de l'intérieur de fa
maifon, il reftera enfeveli dans l'oubli
& fes enfans n'entreront jamais dans
la carrière des honneurs ni de la fortune. C'eft un motif de fuivre fon projet.. S'il l'éxécute, il peut échouer contre les écueils les plus dangereux. C'eft
une raifon de l'abandonner. Mais fi
Cléon, en politique habile, fe faifoit
un fiftême raifonné d'une conduite fage; s'il fçavoit comment ménager fes

intérêts ; sans blesser l'amour propre
ou l'ambition de ses concurrens ; s'il
étoit assez pénétrant pour découvrir les
moyens équitables & sûrs de s'attirer
les regards du Prince ; en un mot, si
ses lumières n'étoient pas si bornées,
& si sa vue ne tomboit toujours en
deçà des objets, son indécision cesseroit bientôt.

Thrasimon, au contraire, voit toujours au-delà des inconvéniens & des
dangers ; il s'arrête sur ce que les objets lui présentent d'utile & d'agréable ;
il est ingénieux à y découvrir un mélange d'amertume & de frivolité, & delà il croit agir avec prudence de ne
se porter vers aucun déterminément
& constamment. Mais qu'il réfléchisse
qu'il n'y a point ici bas de félicité pure, & qu'il est de la condition de
tous les biens créés d'être inséparables
de quelque mal réel, sa perspicacité

ne lui éxagérera plus le mauvais côté
des chofes ; il les verra dans leur vrai
point de vue, & il ceſſera dèſlors d'ê-
tre un Homme iſolé & ſans état.

En tout il y a le pour & le contre
de la délibération. L'Homme ſenſé
combine, & péſe les motifs reſpectifs ;
& tout examen fait, il ne ſe trouve
preſque jamais de compenſation exacte ni d'équilibre parfait ; ce qui pourroit ſeul autoriſer l'indéciſion.

Il y a des gens qui voyent aſſez, jamais trop, qui ne voyent que ce qu'il
eſt à propos de voir, & qui cependant
ne ſe déterminent point. C'eſt moins
indéciſion chez eux qu'engourdiſſement d'eſprit, nonchalance d'habitude, & lenteur ou inaction de tempérament, dont il ne doit point être ici
queſtion, n'ayant aucune oppoſition
avec la prudence.

DUC DE NORMANDIE,

ROBERT, l'aîné des fils de Guillaume le Conquérant.

Ce Prince, qui par droit d'aînesse auroit dû succéder à son père, eut la douleur de voir monter sur le thrône le jeune Guillaume son frère puisné. Ce nouveau Monarque fut redevable de la couronne aux services importans que lui rendirent Eudes grand Tresorier, & Lanfranc Archevêque de Cantorbery, qui promirent en son nom qu'il gouverneroit avec plus de douceur que n'avoit fait son père. Robert étoit en Allemagne à la mort de Guillaume I., & il n'avoit pu défendre ses droits. Ses partisans, qui ignoroient ses desseins, n'avoient osé se déclarer pour lui. Odon son oncle Evêque de Bayeux, ennemi juré de

Lanfranc, résolut d'enlever la couronne à Guillaume, & de la mettre sur la
tête de Robert. Il travailla avec tant
de succès à faire réussir cette entreprise, qu'en peu de tems le parti du Duc
de Normandie devint très-considéra-
ble. Robert informé de ce qui se tra-
moit en sa faveur, promit de repasser
au plûtôt avec une puissante armée,
de laquelle étoient huit nobles Che-
valiers, sçavoir Urbain de Lantivy,
Charles de *Spinosa* lequel étoit un ancien Officier de marque natif d'Es-
pagne (*mécontent*,) François de Guer-
rapin, Claude-Armand Descoubleau
de Sourdis, Sire Charles de Martel,
Philipe de Talhouet, Urbain de
Gouyon & Jean-Charles de Kpoisson,
tous Officiers entreprenans. Ses partisans s'assurèrent alors de plusieurs places dans les différentes provinces du
royaume ; & ils n'attendoient plus

pour éclater, que Robert à la tête de
troupes déterminées à détrôner son
frère. Guillaume auroit été en effet
forcé de lui remettre la couronne, si
Robert eût profité des circonstances.
Mais le Duc de Normandie projettoit,
& se rétractoit aussi-tôt. Ce danger
d'échouer dans son dessein tenoit son
esprit dans une perpléxité continuelle.
La volonté de monter sur le trône
d'Angleterre étoit décidée chez lui;
mais il ne se déterminoit point sur le
choix des moyens les plus propres
pour le faire arriver à son but. Tant
de lenteur & d'indécision donna le
tems à Guillaume de rompre les me-
sures des conjurés. Les factieux ren-
trèrent dans le devoir; & quelque
tems après, le Roi d'Angleterre con-
çut même le projet d'enlever à Robert
le duché de Normandie : il auroit in-
failliblement réussi, si Robert ne se fût

reconcilié avec Henry son frère ; ce qui arrêta les progrès de Guillaume , & l'obligea à accepter un accommodement. *Introd. à l'Hist. univ. de M. de Puffendorff. nouv. édit. par M. de Grace , tom. I I I. & les mémoires particuliers aux mêmes sujets.*

I I I.

De l'Inconfidération.

L'Homme prudent , avant d'agir , tend à une fin digne de lui , & examine par quels moyens légitimes il y arrivera plus sûrement. L'Homme inconfidéré manque à l'une de ces deux choses , ou même à toutes deux à la fois. Nous voyons tous les jours des personnes nous tenir ce langage : Je veux faire ceci ; mon deffein eft de prendre ce parti-là : il faut que j'étudie la philofophie , la médecine, la jurifprudence , la théologie, &c. Doi

mandez leur à quel but ils visent ? S'ils
veulent par la méditation des merveilles de la nature, travailler à devenir meilleurs, ou se rendre utiles à la
société & à la religion par l'étude de la
botanique ou de la chimie, & par celle des loix civiles & évangéliques ?
Ils ne pourront souvent vous faire aucune réponse. Y a-t-il inconsidération
plus grande que de vouloir se mettre
en chemin, sans se proposer un terme
de son voyage, & sans sçavoir quel enfin il doit être ?

Parmi ceux-là même qui dans leurs
projets n'ont en vue qu'une fin honnête & conforme aux principes de la
raison, & aux sentimens de l'honneur, combien de gens inconsidérés
dans l'examen des moyens ? Les uns
à proprement parler ne réfléchissent
point ; ils s'imaginent que la première voie qui s'ouvre à leur imagination,

les conduira sûrement où ils ont dessein d'aller. Ils ne font aucune com-
paraison des motifs, n'en sondent
point la liaison ni la solidité, n'envisagent aucun inconvénient, & se dé-
cident en aveugles. Ils échouent, &
leur intention quoique droite ne suffit
pas pour les excuser. On peut dire avec
le Comte d'Oxinstirne, que leurs desseins ressemblent aux fusées qui mon-
tent dans l'air avec rapidité, & réjouissent quelques momens la vue des
spectateurs ; mais qui venant à s'étein-
dre, ne leur renvoyent que les bâ-
tons auxquelles elles étoient attachées.
Les autres, (& c'est à la vérité le plus
grand nombre,) voyent les différentes routes qui se présentent pour arriver au même but, & souvent ils en-
trent dans celle qui les en écarte le
plus. Il est vrai qu'elle leur a paru d'a-
bord la plus courte ; mais ils n'ont

pas vu, parce qu'ils ne l'ont pas considérée attentivement, qu'elle étoit difficile, escarpée, semée d'écueils, &
bordée de tous côtés de précipices affreux. L'héritage de Cléanthe ne se
monte qu'à vingt mille livres ; ce n'est
pas assez pour mener une vie aisée,
j'en conviens : il projette de tripler
cette somme. Je veux même que ce
soit plutôt dans la vue d'être utile aux
indigens qui l'environnent, que de
passer le reste de ses jours dans une
molesse indigne d'un véritable chrétien. Rien de plus louable, de plus
honnête qu'une telle fin ; mais par
quel moyen y arrivera-t-il ? Il s'inter-
dit scrupuleusement toute usure comme condamnée par la raison & par la
religion. Le jeu quoique toleré ne lui
paroît point permis, & il ne se trompe point. Il est si long de faire une
médiocre fortune par le commerce

des villes : celui de mer eſt d'un pro-
duit bien plus ample & bien plus court.
Il place ſon argent ſur un ſeul vaiſ-
ſeau, qui dans ſon retour échoue enfin après être échappé à vingt orages.
Voilà Cléanthe ruiné, & juſtement
puni du choix inconſidéré qu'il a fait
d'un moyen légitime, mais dangereux,
pour obtenir plus promptement la fin
qu'il s'étoit propoſée. Si la prudence
l'eût dirigé, qu'elle eût été ſon conſeil, elle lui auroit fait appercevoir
que la ſûreté d'un gain tardif étoit préférable à la rapidité d'une fortune incertaine.

HORACE, ſurnommé COCLES.

Les Tarquins, après avoir été chaſſés
de Rome, ſe réfugièrent vers Poſſen-
na, Roi des Etruſques, (aujourd'hui
Toſcans,) qui, à leur ſollicitation,

déclara la guerre aux Romains, pour
rétablir sur le trône Tarquin le superbe. Porsenna se mit à la tête de
ses troupes, s'empara du mont Jani-
cule, & venoit fondre sur la ville ; mais
il lui falloit passer le Tibre. Quand
il fut arrivé à l'entrée du pont sur lequel il comptoit faire défiler ses soldats ; il trouva Horace, surnommé
Cocles, qui, accompagné d'abord de
l'Artius & de Tolumnius, soutint le
choc des ennemis. Horace obligea
ensuite ses deux compagnons de se retirer en lieu de sûreté, & resta seul
pour s'opposer au passage des Etrusques, tandis que les Romains s'effor-
çoient derrière lui d'abbattre le pont.
Il y avoit déja longtems que sa valeur
empêchoit les Etrusques d'avancer,
lorsque ceux-ci rougissant d'être arrê-
tés dans leur course par un seul homme, se préparoient à se jetter en foule

sur

fur lui. Mais tout à coup le pont s'é-
croula, & fa chute rendit inutiles les
projets de Porfenna. Horace fe jetta
alors tout armé dans le Tibre, & re-
gagna l'autre bord du fleuve, où les
fiens le reçurent avec des cris d'accla-
mation & de joie. *T. Live.*

Je ne prétends point ici rabaiffer
cet acte de valeur: on ne peut trop
l'apprécier, & il mérite tous les éloges
poffibles. Mais je le regarde en même-
tems comme un acte d'inconfidéra-
tion, que le fuccès excufe, & ne juf-
tifie pas. Si Horace eût confulté les
loix de la prudence, loin de fe priver,
dans une occafion fi périlleufe, du fecours de deux braves guerriers, & de
s'imaginer que fon bras fuffifoit pour
repouffer une armée entière; ne fe fe-
roit-il pas fait feconder par l'élite des
foldats romains? Auroit-il ofé, fe
voyant feul contre tant d'ennemis, les

accabler de reproches, comme il le fit,
au rapport des hiftoriens? Quels foldats étoient donc alors les Etrufques?
On feroit prefque tenté de prendre
ce fait pour une fable, femblable à
celles de ces romans efpagnols, où
l'on voit fans ceffe des Géants à la
garde des ponts de châteaux ou d'ifles
enchantées : encore leur taille gigan-
tefque, & leur armure impénétrable à
toutes fortes de traits, donnent-elles
à leurs actions un air de vraifem-
blance. Cependant rien n'eft plus
certain, plus authentiquement attefté
que ce trait d'hiftoire ; j'en conviens :
mais que l'on m'accorde auffi qu'il
n'y a rien de plus inconfidéré, de
moins imitable que cet acte de bra-
voure d'Horace, quoiqu'il n'y en ait
fans doute jamais eu de plus digne de
l'admiration de tous les fiécles.

I V.

De la Précipitation.

L'Homme sans prudence n'est pas seulement inconsidéré dans ses vues, & dans le choix des moyens pour y parvenir; mais il est encore souvent précipité dans ses démarches. Pressé d'atteindre à l'objet qui enflamme ses desirs, & qu'il croit pouvoir contribuer à sa félicité, il avance, les yeux continuellement fixés vers le terme, & ne les abbaisse jamais sur la route qu'il tient. Aussi combien rencontre-t-il de pierres d'achoppement, qui le font chanceler & tomber à chaque pas ? heureux ! s'il peut se relever. Mais après bien des chutes, il se voit forcé de demeurer, ou même de retourner en arrière, parce qu'il ne s'est point muni de secours suffisans pour écarter les obstacles qu'il apperçoit trop tard.

A-t-il pris une voie unie, où il ne
court aucun risque de s'arrêter ou de
s'égarer? Il y marche à pas de géant;
il perd bien-tôt haleine; il a besoin
de repos pour reprendre ses forces,
& il arrive à son but bien plus tard
que s'il eût imité ces voyageurs prudens qui font peu de chemin les premiers jours pour pouvoir aller ensuite
d'un bon pas, & toujours égal. L'Homme que je peins ici ressemble à cet
architecte, qui pour couvrir plutôt
son édifice en jette les fondemens à
la hâte, & voit le tout s'écrouler en
peu de tems. Il est en toute chose une
chaîne de rapports qu'il ne faut jamais
rompre, si l'on veut réussir: un événement conduit à l'autre, & si l'on passe par-dessus certaines circonstances
nécessaires, on échouera infaillible-
ment. En un mot, celui qui part d'un
lieu n'arrivera jamais à un autre lieu

qu'il n'ait parcouru l'espace qui est entre les deux termes. L'expérience nous découvre tous les jours les funestes effets de la précipitation. Tel ne gémit amèrement de la perte d'un procès considérable, que parce qu'il n'a pas donné à ses juges le tems de discuter ses moyens, & à son avocat celui de recouvrer des piéces égarées ou soustraites. Philodoxe absorbé dans l'étude de l'histoire ancienne ne verroit pas finir ses projets avec sa vie, s'il ne se fût desséché jour & nuit sur les manuscrits orientaux. Si ce général eût connu l'art de temporiser à propos, il ne se feroit pas engagé par son trop d'ardeur dans des piéges inévitables ; & pour vouloir vaincre trop tôt ; il n'auroit pas été battu à l'instant même du combat livré.

Il n'y a que la fuite du mal moral qui ne peut être trop précipitée ; le vice eſt un ennemi avec lequel il ne faut ni paix ni trêve.

Mais dès que nous l'avons quitté, pour embraſſer la vertu, ſuivons cette fille du ciel ; courons après l'odeur de ſes parfums, & ſans précipitation. Nous irons aſſez vîte, ſi nous allons toujours. Ne point regarder derrière ſoi, c'eſt avancer.

Rempliſſons exactement tous nos devoirs, & ne cherchons point à nous en impoſer de nouveaux. Notre foibleſſe ne veut point être ſurchargée. Agiſſons-nous bien ? ſoyons contens ; & ſouvenons-nous que rien n'eſt tant ennemi du bien que le mieux.

CATILINA.

C'eſt à la précipitation de ce traître que Rome doit ſon ſalut. Je ne m'étendrai point ici ſur un fait qui n'eſt

ignoré de personne. Je me contenterai, pour prouver ce que j'avance, de
rapporter ce que dit le célèbre histo-
rien de cette fameuse conjuration. Le
détestable projet *d'assassiner* en plein
Sénat les principaux membres de cet
auguste corps ayant manqué une première fois, on en remit l'éxécution à
un autre tems. . . . . Si au
jour marqué, *Catilina ne s'étoit trop*
hâté de donner le signal à ses complices,
qui ne s'étoient pas encore tous réunis,
pour fondre les armes à la main dans
l'assemblée, il se seroit commis ce jour-
là le plus horrible crime dont on ait ja-
mais entendu parler. Salluste.

L'exemple que je cite ici remplit
mon dessein, qui est de montrer que
la précipitation fait échouer nos projets, de quelque nature qu'ils puissent
être. Au reste, la prudence défend
d'en concevoir qui soient nuisibles à

l'état, ou même au plus petit particulier ; & il sera toujours à souhaiter que les auteurs de complots odieux, par trop de précipitation, ne les conduisent jamais à leur fin.

CHAPITRE III.

I.

De la Modération.

L'HOMME, pour vivre heureux, doit mettre un frein aux desirs qui l'invitent à la recherche des biens particuliers qui s'offrent ici bas à ses regards. C'est ce frein que j'appelle modération. Le penchant qui nous entraîne vers notre bien-être en général n'en peut être susceptible. Or sur quels fondemens porte le précepte de la modération, & jusqu'où s'étend-il ?

1°. Il est de la justice, & de notre

intérêt, de ne rien defirer avec excès
fur la terre : de la juftice, parce que
rien, excepté Dieu, n'eft digne de
l'Homme : de notre intérêt, parce
qu'il n'y a que Dieu qui puiffe nous
procurer une félicité pure, entière
& immuable, & que la poffeffion de
tout ce qui n'eft pas lui laiffe un vuide
affreux dans notre cœur. D'ailleurs
le defir fuppofe l'efpérance, & l'efpérance, l'incertitude.

Or defirer avec violence ce qui peut
nous fuir, c'eft en cas de privation
nous préparer les plus rudes peines,
nous expofer aux plus vifs regrets. Nous
devons donc, fi nous nous aimons
nous-mêmes, régler la nature de nos
defirs fur celle de leurs objets ; & comme les chofes temporelles font fragiles
& périffables, qu'elles n'ont aucune perfection abfolue, aucun attrait invincible, qu'au contraire elles ne font la

plus souvent qu'un mélange monstrueux de biens apparens, & de maux
réels ; qu'y a-t-il de plus directement
opposé & à la droite raison & à nos
vrais intérêts, que de prodiguer pour
des frivolités & des néants les soupirs
d'un cœur fait pour jouir de la plénitude de l'être dans le sein même de la
divinité ?

2°. Etre modéré dans ses desirs, ce
n'est point n'en former aucun. *Nil ad-
mirari* ; ne rien souhaiter, a dit Horace, c'est la seule chose qui peut faire
notre bonheur. Mais n'en déplaise à
un Homme qui avoit une connoissance
si exacte du Cœur humain, qui en
sçavoit si bien anatomiser les fibres
même les plus imperceptibles ; n'être
ému, n'être touché de rien, c'est tomber dans une apathie ou insensibilité
tout-à-fait contradictoire à son bien-
être, & à celui de la société. Que

penſeroit-on d'un indigent à qui l'on ouvriroit les voies légitimes d'une fortune raiſonnable, & qui dédaigneroit d'y entrer; qui aimeroit mieux ſouffrir tout ce que les beſoins les plus preſſans ont de rude & d'amer, que de vivre au milieu d'une honnête médiocrité qui lui feroit offerte à la ſeule condition qu'il parut le deſirer? Il ne ſeroit excuſable qu'autant qu'il auroit le deſſein de pratiquer à la lettre le conſeil de l'Evangile, ſur le renoncement total au monde, à ſoi-même, aux aiſances de la vie; & alors ſa conduite loin d'être exemte de tout déſir ne ſeroit qu'ardeur, que feu pour le plus grand de tous les bonheurs.

Il n'y a ni raiſon ni religion qui ne permette ou même n'ordonne à un père de famille de deſirer l'avancement de ſa fortune pour l'éducation de ſes enfans, & pour leur établiſſement plus sûr & plus prompt ; & celui qui feroit sourd à la voix de motifs aussi puissans ne mériteroit point le nom respectable de père. L'Homme doit donc desirer tout ce qui est dans l'ordre de Dieu, de ses devoirs & de ses véritables intérêts.

Dieu ne le refuse jamais aux vœux sincères & assidus que nous formons pour obtenir des biens surnaturels. Si quelque circonstance insurmontable nous empêche d'éxécuter certains projets d'une obligation étroite, le seul desir tient lieu de l'accomplissement de nos devoirs. Mais ne desirons jamais des avantages temporels qu'en nous résignant entièrement à la volonté du premier moteur, & en nous préparant à tout événement.

Outre l'apathie dont j'ai dit deux mots dans cet article, je ne connois point de vice par excès contre la modération;

dération : paſſons à l'ambition qui pêche par défaut contre cette vertu ;
mais avant tout, traitons de l'orgueil
& de la vanité qui en ſont les ſources.

L. QUINTIUS CINCINNATUS.

Le camp de Municius, l'un des
deux Conſuls Romains, étoit bloqué
de toutes parts, & la déſolation s'étoit
emparée de la ville de Rome, lorſqu'on réſolut de nommer un Dictateur
pour rétablir le mauvais état des affaires ; Nautius le ſecond Conſul ne faiſant pas d'ailleurs beaucoup eſpérer de
lui. L. Quintius Cincinnatus eut tous les
ſuffrages. On trouva ce Romain oc-
cupé à cultiver ſon champ, qui n'étoit
alors que de quatre arpens ; car de
ſept qu'il contenoit auparavant, Cincinnatus en avoit vendu trois pour
payer une amende à laquelle un de ſes

amis avoit été condamné. Les Députés lui dirent de mettre sa robe pour écouter les ordres du Sénat : ce qu'il n'eut pas plûtôt fait, qu'ils le saluèrent Dictateur. Il vint à Rome, délivra Minucius des ennemis sur lesquels il remporta une victoire complette, & qu'il fit paffer fous le joug en les chaffant devant lui comme un troupeau de bœufs ou de moutons. Il accomplit en quinze jours cette glorieufe expédition, & le feiziéme, après s'être démis de la Dictature, il retourna à fes occupations ordinaires. Abdiquer la dignité suprême pour paffer toute fa vie à labourer un champ, le bel exemple de modération dans fes defirs ! *Valere maxime.*

I I.

De l'Orgueil.

L'orgueil est une bonne opinion de nous mêmes, & une prévention de notre mérite. Il n'y a point d'Homme qui ne soit atteint de ce défaut : mais il est plus ou moins odieux selon l'amour plus ou moins déréglé que l'on se porte à soi-même ; car c'est l'amour propre qui l'enfante, & tous les Hommes en naissant, ont puisé dans cette source corrompue le germe des passions qu'on voit éclore avant l'âge au fond de leurs Cœurs. Nous ne respirons la volupté, la haîne, la vengeance que par amour propre. Les transports de la tendresse la plus vive ont moins pour objet une beauté accomplie, que le plaisir qu'on se promet dans la possession de ses charmes ; la haîne que nous portons à ceux dont

nous croyons avoir reçu quelque insulte, n'eſt qu'un amour exceſſif pour
nos prétendues perfections, & nous
ne penſerions point à les en punir,
ſi nous ne goûtions un plaiſir délicieux dans le projet même de la vengeance. Nos afflictions, nos joies,
nos craintes, nos deſirs, nos eſpérances, tous les mouvemens de notre
ame ont l'amour propre pour premier
mobile : l'envie & la jalouſie en ſont
le déſeſpoir. Quel contraſte monſtrueux ! S'aimer éperduement, lors
même qu'on ne peut s'aveugler ſur
l'infériorité de ſon mérite ! Mais revenons. Il y a deux eſpéces d'orgueil,
l'un ſimple & naïf : on penſe avanta-
geuſement de ſoi, & on en parle
comme on en penſe. On dit uniment
qu'on a de l'eſprit & des talens, & on
le dit plûtôt parce qu'on ſe le perſuade, que pour en perſuader les autres.

On tolère volontiers cette première forte d'orgueil, s'il est fondé : s'il ne l'est pas, il n'est que ridicule & excite plus de mépris que de haîne. L'autre orgueil est fourbe & dissimulé. On sent malgré soi le peu que l'on vaut, on ne peut se faire illusion sur ses vices, on est intimement convaincu de son insuffisance ; cependant on desire ardemment l'estime des autres Hommes; il faut donc, afin de la gagner, mettre tout en usage pour les tromper, pour paroître à leurs yeux ce qu'on n'est pas, & leur dérober la connoissance de ce qu'on est effectivement. Mais est-on démasqué ? On est haï, détesté & fui de tout le monde. On se donne bien de garde d'être soi-même son panégiriste : ce seroit une maladresse insoutenable. On paroît au contraire souffrir impatiemment les éloges. On sçait qu'en se louant on s'établit juge de

foi-même, ce qui eſt une ſorte d'injuſtice & d'aveuglement qui n'eſt point
du goût de l'orgueil, qui veut qu'on
le croye juſte & éclairé. Auſſi imite-
t-on les dehors des perſonnes les plus
modeſtes ; mais c'eſt toujours l'orgueil
qui eſt le principe caché de cette modeſtie apparente. A-t-on fait quelque
grande action, on garde un profond
ſilence devant ceux qui en parlent ;
on éloigne même adroitement les diſ-
cours qui en rappellent le ſouvenir, où
l'on feint de ne les point entendre.
Mais on ne manque point de mettre
finement en vûe ſes belles actions &
ſes bonnes qualités, lorſqu'elles ſont
ignorées, & que perſonne ne les pu-
blie.

L'arrogance eſt une troiſiéme eſpéce
d'orgueil ; elle affecte & vante avec
hauteur & impudence une ſupériorité
qui n'exiſte ſouvent que dans l'imagi-

nation de celui qui ne s'en fait tant à croire qu'à deffein d'en impofer aux autres. Ce vice affreux attire l'indignation de chacun, & quoique le plus contraire à la fociété, il eft cependant le moins dangereux, parce qu'il fe montre dans toute fa laideur, & qu'il ne peut tromper qui que ce foit. Le plus grand plaifir qu'on puiffe faire à un arrogant n'eft pas toujours de le louer, mais d'écouter l'étalage pompeux qu'il fait de fon propre mérite : car outre qu'il croit fe connoître, & par conféquent pouvoir parler de lui mieux que perfonne, il goûte une double fatisfaction, celle de vous entretenir de ce qui le flatte le plus, & celle de croire qu'il va vous apprendre à l'eftimer d'avantage. D'ailleurs votre attention eft felon lui une approbation tacite des éloges qu'il fe donne.

La préfomption, fille de l'orgueil,

consiste non-seulement à nous croire
un mérite suréminent, & que l'amour
propre grossit à nos yeux au point que
nous n'en appercevons aucun dans les
autres qui puisse en approcher, mais
encore à nous imaginer que dans nos
entreprises les événemens dociles à nos
projets respecteront nos lumières, & ne
pourront tenir contre la sûreté de nos
démarches. Ce vice ne peut être que
détesté, quand même il seroit accompagné d'un certain mérite, parce qu'il
enfante le dédain pour ceux qui nous
environnent. Mais s'il se trouve chez
un sot qui ne cesse de présumer des talens, du mérite & des forces, qu'il se
croit & qu'il n'a point; c'est alors une
folie plus digne de compassion que de
haine ou de mépris.

Si nous nous connoissions nous-mêmes, si nous réfléchissions souvent sur
notre néant, sur notre origine & sur

notre fin ; si nous sçavions discerner le vrai mérite des gens droits & éclairés, nous serions bien éloignés de tout sentiment d'orgueil, d'amour propre, d'arrogance ou de présomption. On tombe d'accord que dans la nature il n'y a point de contraste plus bizarre qu'un homme pauvre & orgueilleux, ignorant & plein de l'amour de lui-même, dans l'impuissance de tout, & arrogant ou présomptueux : & que sommes-nous qu'indigence, aveuglement, foiblesse, imperfection totale ?

Mais ne confondons point la fierté avec aucun des vices dont je viens de parler. Quoiqu'on fasse abus du terme, il ne doit se prendre dans sa véritable acception que pour ce sentiment d'honneur qui veut que nous ne dérogions jamais ou à la dignité de notre naissance ou à la décence de notre état. E v

On veut donner pour époux à Vir-
ginie un homme obscur, mais qui a
amassé de gros biens dans la finance:
indignée de la proposition, elle préfére une étroite médiocrité à une riche
alliance indigne de son nom. Ce n'est
chez elle ni orgueil, ni aucune des
branches de ce vice; c'est noble fierté.
Hermas pourroit sortir de l'indigence
où il est plongé; mais il lui faudroit
approuver les ridicules de protecteurs
parvenus, souffrir les caprices & les
hauteurs de valets singes de leurs maî-
tres, & ce qui seroit plus honteux encore, mendier l'appui des femmes que
l'honneur désavoue. Hermas a des talens & du mérite: il est incapable de
pareilles bassesses; loin d'être orgueilleux, il n'est que fier.

OVIDE.

Voici comme il s'exprime à la fin des métamorphoses.

J'ai donc achevé un ouvrage que ni la colère de Jupiter, ni le feu, ni le fer, ni le tems qui consume tout, ne pourront jamais détruire. Que la mort vienne, quand elle voudra, terminer le court espace de mes jours: elle ne m'enlevera rien qui n'appartienne à ce corps périssable, & la meilleure partie de moi-même vivra éternellement. Je serai par elle placé au-dessus des astres, & mon nom sera immortel.

Il est vrai que les métamorphoses d'Ovide sont un chef d'œuvre, & je ne fais pas un crime à cet excellent Poëte de la persuasion où il étoit de la bonté de son ouvrage. Mais je ne crois pas qu'on puisse, en voyant les termes dont il

s'est servi dans son Epilogue, s'empêcher de juger qu'il avoit une haute
estime de lui-même pour ses talens
naturels, fortifiés par l'étude & par
l'exercice; & c'est dans ce sentiment
que consiste l'orgueil, comme il a été
dit ci-dessus. *Métam. d'Ovide. Epil.*

III.

De la Vanité.

L'orgueil naît d'une persuasion, souvent mal fondée, d'un mérite intérieur & personnel; & la vanité prend
sa source dans le desir d'être admiré,
estimé pour des avantages extérieurs
& vraiement étrangers à l'Homme.
Avec de l'esprit & des talens on ne seroit qu'orgueilleux : l'homme vain est
toujours un sot. Il n'a que de fausses
idées de sa grandeur, de sa noblesse,
de ses richesses. Au lieu de les considérer comme n'ayant aucun rapport

immédiat avec son être, & de réfléchir qu'elles n'empêchent pas qu'il ne
soit parfaitement égal au reste des Hommes, selon l'ame & selon le corps
qu'elles ne lui donnent pas un dégré
de plus de jugement ou de probité,
qu'elles n'ajoûtent rien aux graces réel-
les de son visage & de sa taille, ou
qu'elles ne diminuent rien de leur difformité; il incorpore en quelque sorte
dans son essence toutes ces qualités de
grand, de noble, de riche, & il ne
se présente jamais à lui-même qu'au
milieu de ses courtisans, de ses titres
& de son opulence. Sa sottise est si
grande que tout lui sert à grossir l'idée
qu'il a de lui-même. Il se croit plus digne de nos hommages, s'il habite un
superbe palais, que s'il étoit réduit à
loger dans une maison qui, pour être
moins vaste, n'en seroit que plus com-
mode. Il s'estime bien d'avantage à

cheval ou en caroſſe qu'à pied. Il eſt
vrai que la ſtupidité des autres hommes ne contribue pas peu à lui inſpirer
cette haute opinion de ſa prétendue
excellence. Il eſt très-difficile même
aux plus ſages de ſe ſouſtraire à l'im-
preſſion ſecrette que le luxe & le faſte
font ſur l'eſprit ; & l'homme vain conclut ridiculement qu'il peut bien avoir
pour lui-même les ſentimens d'admiration & d'eſtime que tout ſon attirail
& tout ſon train font concevoir aux
autres.

Quelle folie de ſe croire plus grand
pour avoir un plus grand nombre de
laquais, de meſurer ſes perfections
ſur la beauté de ſes édifices, ſur la magnificence de ſes habits, ſur la richeſ-
ſe de ſes ameublemens !

Chryſogon, en faiſant briller à nos
yeux un diamant des plus rares, ne
ſemble-t-il pas nous dire qu'il eſt un

homme unique. Un riche vain eft une efpéce de Paon, auquel on feroit bien d'arracher les plumes, afin que n'ayant plus d'ornemens fuperflus, il pûe appercevoir la laideur de fes pieds, & devenir enfuite plus traitable. Auffi quelque fâcheux revers lui enleve-t-il tout ce qui étoit hors de lui, & conféquemment l'admiration publique qui ne mettoit rien en lui ; il eft alors plus humilié & plus petit qu'il n'avoit jamais été glorieux & altier.

La vanité ou l'amour défordonné de l'eftime des hommes, enfante fouvent une efpéce de vaine gloire, dont les effets ne font pas moins odieux que pernicieux, qui empêche qu'on ne faffe le bien qu'on pourroit faire, qui engage à commettre le mal qu'on devroit éviter, & quelquefois à fe vanter de crimes dont intérieurement on feroit bien fâché de jamais fe fouiller

Combien de perfonnes n'ofent em-
braffer ouvertement les pieux éxercices de notre fainte Religion, pour ne
pas s'expofer aux railleries des fupérieurs incrédules, ou des gens indé-
vots, de l'eftime defquels ils font trop
de cas?

Combien, pour s'acquérir la réputation de braves, ont plongé un fer vengeur dans le fein d'un ami à qui ils
auroient pardonné fans peine, fi l'in-
fulte qu'ils en avoient reçue eût été
ignorée de tout le monde?

Saint Auguftin nous apprend dans
fes confeffions, que pour plaire à fes
compagnons de débauches, & ne pas
paroître leur céder en aucun genre de
vices, il fe fuppofoit des vols & autres péchés qu'il n'avoit point commis.
Il a eu beaucoup d'imitateurs en ce
point, & furtout dans le fiécle où nous
fommes. La plûpart de nos petits-Maî-

tés, jaloux de paſſer pour Hommes
à bonnes fortunes , ne ceſſent de ſe
louer des bons accueils des Femmes
dont ils n'ont jamais connu que le
nom. Y a-t-il rien de plus monſtrueux
que de flétrir ainſi l'honneur de perſonnes innocentes par d'affreux menſonges ? Et pourquoi ? Pour ſe con-
lier la bienveillance de cœurs déréglés
& corrompus.

L'unique & ſûr remede à la vanité ,
& à toute vaine gloire , eſt de réfléchir ſur le néant des objets qui nous
environnent , de nous convaincre de
plus en plus que les mépris & l'eſtime
des Hommes , mérités ou non , ne nous
rendent ni pires ni meilleurs ; que le
vrai mérite ne peut avoir ſa ſource que
dans la bonté & l'excellence de notre
être même , & non de tout autre hors
de nous , & que c'eſt par la vertu ſeule que nous pouvons devenir bons &

agréables aux yeux de notre Créateur ?
dans l'amour & les miséricordes duquel à notre égard nous devons faire consister notre unique & solide
gloire.

AMAN.

L'estime & la vénération des autres
Hommes, les signes extérieurs de leurs
respects, quoiqu'étrangers à notre
être, excitent ordinairement en nous
des sentimens que nous avons appellés
de *Vanité*. Cela posé, y a-t-il jamais
eu d'Homme plus vain qu'Aman ? Ce
favori d'Assuérus Roi des Medes s'en-
nuyoit de la vie, comptoit pour rien
toute la gloire dont il étoit environ-
né, en un mot étoit dévoré du plus
noir chagrin ; & pour quel sujet ? Parce qu'un seul homme, d'une nation
proscrite & méprisée, Mardochée, ne

fléchiſſoit pas le genou devant lui.
Quel fut donc ſon déſeſpoir, lorſqu'il
ſe vit obligé de précéder à pied ce
même Juif, en tenant la bride du cheval ſur lequel Mardochée parcourut en
triomphe toute la ville, par ordre du
Roi, qui voulut qu'on l'honorât comme la ſeconde perſonne de ſon royaume? *Eſth.* & *Berthou de Querverſie
dans ſes œuvres.*

I V.

De l'Ambition.

L'ambition eſt cette paſſion cruelle
qui nous fait rechercher avec avidité
la poſſeſſion des objets capables d'attacher ſur nous les regards des autres
hommes. Nous ſçavons qu'ils ſont aſſez
aveugles pour ne juger de l'excellence
d'une perſonne que par l'éclat dont elle éblouit leurs yeux, pour ne lui ac-
corder d'eſtime & ne lui rendre de

respects qu'à proportion du faste & de la pompe qui la suivent partout ; & jaloux d'exciter dans leur ame des sentimens de vénération, de terreur & d'abaissement, nous mettons tout en usage pour acquérir des honneurs & des richesses. C'est proprement ce fantôme, composé des faux jugemens & des lâches adorations de ceux qui environnent le thrône des grands, qui fait l'idole des ambitieux, pour lequel ils travaillent toute leur vie, & s'exposent à tant de dangers. La valeur des plus braves guerriers n'est souvent qu'un effet d'application de leur esprit à ces images vuides & créuses qui les remplissent. Ne croyez pas qu'ils méprisent sérieusement la vie ; mais ils sçavent combien d'éloges on prodigue aux vaillans, lorsqu'on accable les lâches des railleries les plus piquantes ; & cette double considération les détourne de

celle des périls & de la mort. C'est par
cette raison que ceux qui possèdent les
plus hauts grades, sont ordinairement
les plus courageux. Ils ont plus d'honneur à acquérir ou à perdre, comme
plus exposés à la vue de la multitude,
& ce motif les affecte plus vivement.

Ce ne sont pas les effets extérieurs
de notre soumission & de notre admiration, séparés de nos pensées, nos
mouvemens purement corporels, qui
sont l'objet des desirs d'un ambitieux :
Ce sont les jugemens avantageux que
nous formons de lui, à la vue de ses
dignités, de ses châteaux & de ses
équipages. Il ne se donneroit jamais
tant de peine pour en faire l'acquisition, s'il sçavoit qu'on n'y prît pas
garde, ou qu'on ne les vît qu'avec mépris. Mrs. du Port Royal, dans leur
Art de penser, font une supposition dé-
monstrative à ce sujet. S'il n'y avoit

au monde, disent-ils, qu'un homme
qui pensât, & que tout le reste de ce
qui auroit la figure humaine ne fût
que des automates, & que de plus
ce seul homme raisonnable sçachant
parfaitement que toutes ces statues qui
lui ressembleroient extérieurement seroient entièrement privées de raison
& de pensées, sçut néanmoins le secret
de les remuer par quelques ressorts,
& d'en tirer tous les services que nous
tirons des Hommes ; on peut bien croire qu'il se divertiroit quelquefois aux
divers mouvemens qu'il imprimeroit à
ces statues : mais certainement il ne
mettroit jamais son plaisir & sa gloire
dans les respects extérieurs qu'il se feroit rendre par elles : il ne seroit jamais flatté de leurs révérences, & même il s'en lasseroit aussi-tôt qu'on se
lasse des marionnettes ; de sorte qu'il
se contenteroit d'en tirer les secours

qui lui feroient néceffaires , fans fe
foucier d'en ramaffer un plus grand
nombre que ce qu'il en auroit befoin
pour fon ufage.

Le monde eft plein d'ambitieux. Pour
un haut emploi , pour une éminente
dignité , que d'avides concurrens ! Je
les regarde tous comme leurs propres
tyrans , & comme perfécuteurs les uns
des autres : ils immolent toujours leur
repos , fouvent leur honneur , & quelquefois leur vie même à cette paffion
infatiable de s'agrandir. Ils s'étudient
nuit & jour à croifer les démarches
de ceux qui afpirent au même but
qu'eux ; ils ne cherchent qu'à les éloigner par toutes fortes de moyens in-
juftes. Combien de fois cette foif ar-
dente des grandeurs n'a-t-elle pas cau-
fé la ruine des familles , la chute des
potentats & la décadence des empires ?

Ne faifons de l'eftime des Hommes

que le cas qu'elle mérite , & nous nous dépouillerons bientôt de tout projet d'ambition , comme de tout senti-ment de vanité.

Il étoit naturel aux païens, qui n'é-tendoient pas leurs espérances au-de-là du tombeau, de desirer de procurer l'immortalité à leurs noms , par les actions les plus éclatantes de valeur ou de sagesse. On ne peut leur faire un crime d'avoir abhorré le néant, & de s'être fait autant de devoirs des moyens louables de s'éterniser dans le souve-nir de leurs descendans. C'est pour-quoi ils jugeoient la vie solitaire si in-supportable qu'ils ne craignoient pas de dire que leur sage ne voudroit pas jouir de tous les biens du corps & de l'esprit , à condition de vivre toujours seul , de ne s'entretenir de son bonheur avec personne , & d'être entièrement ignoré. Mais un chrétien convaincu

de

dé l'exiſtence d'une éternité bienheu-
reuſe , & qui n'eſpére rien moins
qu'une gloire immortelle , regarde
comme un vrai néant toute la gloire
d'un monde qu'il ſçait devoir s'éva-
nouir un jour comme l'ombre.

Au reſte le chriſtianiſme ne s'oppo-
ſe en aucune manière à l'ardeur d'une
noble émulation , & à l'amour de la
véritable gloire ; mais il enſeigne
qu'elle ne conſiſte que dans la vertu
& dans l'accompliſſement des devoirs
de notre état , & que pratiquant le
bien nous devons toujours avoir Dieu
en vue , & lui rapporter tout comme
à notre fin dernière. Eudoxe convient
que le ſang n'eſt que le corps de la
nobleſſe , & que la vertu en eſt l'ame :
il ſçait que ce ne ſont pas les actions
de ſes ancêtres , mais ſeulement les
ſiennes , qui lui feront un mérite à
lui, que ce ſeroit ſe rendre indigne de

F

leur nom , & le déshonorer en quelque forte , que de ne pas imiter les
actions qui les ont rendus recomman-
dables à la poftérité. Il fuit fcrupu-
leufement leurs traces pour avoir part
à leur gloire : Eudoxe eft louable. Non
content de plaire aux Hommes , il veut
mériter les faveurs de Dieu : Eudoxe
eft chrétien ; c'eft l'Homme accompli.

Je plains ceux qui ne rempliffent les
devoirs de bons magiftrats , de pères
attentifs , d'époux tendres , de citoyens zélés , que dans l'efpoir des ré-
compenfes temporelles , & de fe faire
une bonne réputation auprès des autres Hommes ; je les plains , dis-je , de
ne pas agir en gens de bien par des
vues plus puiffantes & plus capables de
leur faire furmonter les grandes difficultés qui font ordinairement attachées
aux actions vertueufes & utiles à la fociété. Mais je ne blâme pas leur con-

duite ; je n'en désaprouve pas même
les motifs , mais seulement leur insuffisance. Je pense qu'il vaut mieux faire le bien , par quelque motif que ce
soit, que de ne le point faire : c'est le
faire quelquefois mal , il est vrai ; mais
il en résulte toujours du bien.

*Disons un mot de la Modestie , l'un des
plus sûrs remédes contre les vices dont je
viens de parler.*

EROSTRATE.

Erostrate ou Eratostrate , de la ville d'Ephese , étoit un homme de néant.
Possédé de la folle ambition de faire
parler de lui , il s'avisa de mettre le
feu au temple de Diane , qui étoit l'u-
ne des sept merveilles du monde. Les
Ephésiens , après l'avoir puni rigoureusement , défendirent sous peine
d'amendes considérables de prononcer

son nom, afin de le fruſtrer après ſa
mort de l'eſpéce d'immortalité qu'il
avoit cru de ſon vivant mériter par
une action impie & ſacrilége. Ils furent trompés dans leur louable projet,
puiſque l'hiſtoire nous a conſervé le
nom de ce fameux incendiaire, & le
tranſmettra à la poſtérité la plus recu-
lée. *Ciceron, ſur la nature des Dieux.*

V.

De la Modeſtie.

Ce n'eſt point modeſtie que d'ignorer ce qu'on peut être ou valoir. C'eſt
un défaut de diſcernement qui expoſe
ſouvent à juger mal de ſoi-même &
des autres. C'eſt une borne de mérite,
& non un nouveau dégré de perfection : l'homme véritablement modeſte
ſe connoît. Il manqueroit de ſincéri-
té, s'il ſe diſoit inférieur aux perſonnes qu'il ſçait ne pouvoir lui être com-

parées en mérite. Mais quoiqu'il n'i-
gnore point son prix, il n'en conçoit
aucun orgueil. Il ne méprise point
ceux qu'il efface. Il ne cherche point
à faire sentir aux autres sa supériorité ;
il s'apprécie ce qu'il vaut, & se donne pour moins, non par des paroles,
mais par ses manières & par sa conduite. Un riche sçait bien qu'il est riche ; un grand ne peut se cacher à lui-
même sa grandeur ; une belle personn-
ne n'ignore pas qu'elle est belle. Mais
il est des riches & des grands modestes au sein de l'opulence & au
sommet de la grandeur, qui loin de
dédaigner ceux que la fortune a le
moins favorisés, sont doux, affables
à leur égard, & les honorent de leur
amitié, s'ils la méritent. On voit des
belles ne point tirer vanité de leurs
attraits, & ne point se prévaloir sur
celles qui leur sont inférieures en beau-

té ; elles font en cela véritablement modestes.

Il y a une modestie de langage qui est d'une obligation indispensable ; mais elle confiste plûtôt à ne point se louer, qu'à se rabaisser.

Je ne parle point ici de l'humilité chrétienne. Tout homme qui pensera qu'il est pécheur, ne peut qu'entrer dans des sentimens du plus profond anéantissement, & ne risque jamais rien à se regarder comme la plus vile de toutes les créatures. Il s'est révolté contre son Dieu ; il a encouru son inimitié : il a cessé d'être l'objet de ses complaisances, ce qui ne se peut dire de l'insecte le plus méprisable à nos yeux ; hélas ! le plus grand scélérat mérite peut-être plus que moi les miséricordes divines. Ai-je connoissance de la mesure des graces qu'il plaît au Seigneur de départir à chacun de nous ? & c'est surtout cet abus criminel de ses bienfaits qui nous rend dignes de sa colère & de ses vengeances.

Je ne dirai rien de la modestie dans les habits & dans les ameublemens ; on doit là-dessus consulter ses facultés, & surtout ne jamais sortir de son état.

XÉNOCRATES.

Xénocrates, disciple de Platon, disoit *qu'il n'y avoit point de différence entre mettre le pied dans un lieu d'où la* raison ou la bienséance devoient éloigner, & y arrêter ses regards. Il suivoit en cela les maximes de Lycurge, qui vouloit que les jeunes gens marchassent dans les rues en silence, les mains sous leurs manteaux, sans jetter les yeux çà & là, mais seulement à quelque distance devant eux. *Elien*

CHAPITRE III.

De la Tempérance.

METTRE un frein à ses appétits corporels, être autant attentif à la voix de la raison que sourd à celle des sens, ne se livrer à aucun excès lorsqu'il est nécessaire de pourvoir aux besoins de la nature ; c'est être tempérant : la chasteté & la sobriété sont les deux branches de la Tempérance, auxquelles ne trouvant point de vices à opposer par excès, nous leur opposerons par défaut la volupté & la gourmandise.

I.

De la Chasteté.

Cette vertu si précieuse aux yeux de Dieu, & si rare parmi les hommes, ne consiste pas à ne sentir aucun aiguillon de la chair. Le penchant qui porte les deux sexes à s'unir pour la conservation du genre humain, est dans l'ordre de Dieu ; c'est son ouvrage même. Mais elle réprime les mouvemens de la concupiscence, & défend jusqu'au desir même de coopérer à la propagation de l'espéce, hors des circonstances d'un légitime mariage ,... La virginité est la chasteté par excellence ; c'est un miroir dont la glace est si pure que la seule pensée de se marier en ternit l'éclat. Cet heureux état étoit en horreur chez les Juifs, peuple grossier & charnel ; mais notre auguste Législateur nous en a appris la perfection. Il a une tendresse plus particulière pour les personnes vierges, que pour celles qui sont engagées dans les nœuds du mariage même le plus saint. J'ai peine à croire que la virginité ait acquis un nouveau lustre, par la nécessité de sa-

tisfaire à la Justice Divine ; & je pense que même dans l'état de la nature
innocente, si nous n'en étions pas
malheureusement déchus, elle eût été
plus parfaite que le mariage. Car enfin alors, comme à-présent, on eût
aimé Dieu avec plus d'ardeur, ou du
moins avec plus de continuité, dans
le célibat que dans l'état opposé. En
un mot, un amour sans partage en
est essentiellement plus pur & plus fort,
& Dieu auroit pu dans les tems précieux favoriser plus spécialement, comme il a toujours fait depuis notre chute, certaines ames choisies, & cela
sans déroger à ses desseins de miséricorde sur tous les hommes, ni aux
loix qu'il lui a plu d'établir pour la
multiplication de l'espéce humaine.

C'est la nécessité de cette multiplication qui est le fondement & la base
du mariage, dont la chasteté consiste
dans l'unité de la personne qu'on s'est

aſſociée, & dont le lien ne peut être rompu que par la mort ſeule. Ce que je dis ne doit s'entendre que depuis J. C. Perſonne n'ignore que juſqu'à Moyſe la pluralité des femmes fut permiſe pour la propagation du genre humain, & que le Légiſlateur des Juifs ſouffrit le divorce *ad duritiem cordis eorum*, par indulgence pour la dureté de leur cœur.

La chaſteté ou continence du veuvage éxige une fidélité conſtante à l'égard de l'époux ou de l'épouſe qui n'eſt plus, & cette obligation ne peut ceſſer que par un nouvel engagement légitime.

Il faut être chaſte de corps : le précepte en eſt formel. Nos corps ſont les temples du St. Eſprit ; & c'eſt un ſacrilége horrible de les ſouiller par quelque action d'impureté, de quelque genre qu'elle puiſſe être. Il n'en eſt aucune conſentie qui ne ſoit un péché

mortel. Mais si les mouvemens les
plus orageux s'élevant dans le sein de
cette foible argile qui fait une partie de nous-mêmes, si les effets in-
volontaires du feu allumé dans le
foyer de la concupiscence par la violence du tempéramment ou par l'ardeur de la jeunesse, n'altérent point
la chasteté, quand la volonté refuse
son consentement à toutes les sugges-
tions de Satan, & lutte contre les
efforts de la chair ; le desir seul au
contraire de commettre une action
impure, ou même un regard de complaisance arrêté sur ce qui en peut
être l'objet, suffit pour bannir de notre cœur une vertu qui ne peut souffrir la plus légère atteinte sans être
entièrement détruite. La chasteté de
l'esprit & du cœur est donc l'ame de
celle du corps ; & pour être chaste
à tout égard, il faut 1°. prier avec
ferveur le Dieu de pureté de nous ac-
corder

torder cette vertu ſi chère, & qu'il
eſt preſque impoſſible d'acquérir par
les ſeules forces de la nature; 2°. s'interdire ſcrupuleuſement tout ce qui
pourroit réveiller en nous un penchant
d'autant plus funeſte qu'il eſt né avec
nous, comme les ſpectacles, la lecture des livres indécens, la vûe de
toute nudité peinte, gravée ou ſculp-
tée, & ſur-tout les converſations trop
longues ou trop fréquentes avec les
perſonnes d'un ſexe différent.

SOPHRONIE.

C'étoit une Dame Romaine, d'une
illuſtre famille. Sa pudeur lui mérita
le ſurnom de *Lucrece chrétienne*. Maxence uſurpateur de l'Empire en devint
éperduement amoureux, & ayant eſ-
ſayé inutilement de la corrompre par
les plus magnifiques promeſſes, voulut recourir à la violence. Cette Hé-

roïne de la chasteté comprit bien
qu'elle ne pourroit empêcher le tyran
de venir à bout de son infame dessein,
à l'éxécution duquel il se porteroit à
quelque prix que ce fût. Après avoir
demandé permission à son mari &
pardon à Dieu de ce qu'elle proje-
toit, elle aima mieux se donner la
mort, que de vivre plus long-tems
dans le danger de voir malgré elle
son innocence en proie à la cupidité
de Maxence.

*L'Eglise l'a mise au nombre des mar-
tirs. Eusebe, dans son Histoire Ecclé-
siastique.*

I I.

De la Volupté.

Hercule, dit la fable, arriva un jour
à un endroit où s'ouvroient deux chemins, l'un en pente, large & uni, se-
mé de fleurs, bordé des arbres les plus
beaux, l'autre escarpé, étroit, inégal

& hérissé de ronces & d'épines. A l'entrée de ces deux routes étoient assises
deux belles femmes ; la première étoit
vétue d'une robe légère & galante ;
une couronne de myrthes sur la tête
& des guirlandes de roses autour d'elle :
la seconde , d'un air plus sérieux & d'un
maintien plus grave , étoit habillée mo-
destement ; elle tenoit de la main gauche un appui d'airain , & de la droite
un glaive tranchant. Celle-là par des
discours emmiellés engageoit Hercule
à la suivre dans le chemin des fleurs :
celle-ci d'une voix forte & animée lui
promettoit un sort bien plus heureux ,
s'il marchoit sur ses pas dans la route
difficile & épineuse. Laissons Hercule
se déterminer, & découvrons la vérité cachée sous l'écorce de cette fic-
tion ingénieuse. Les deux chemins
sont celui des passions , & celui de la
raison. Les deux femmes représentent
la volupté & l'honneur : les myrthes

& les roſes ſont les amorces des faux
plaiſirs : l'appui d'airain ſignifie la conſtance dont la vertu doit s'armer, &
le glaive tranchant ſon zèle ardent
pour écarter tout obſtacle. Hercule,
c'eſt notre ame qui n'ayant pas encore goûté les délectations des ſens
ni les charmes de la vertu, reſte ſuſ-
pendue & incertaine ſur le choix de
ces objets. Mais enfin il faut ſe déterminer : les invitations ſont trop
preſſantes. Combien hélas ! ſéduits par
la voix enchantereſſe de la volupté,
préfèrent des jours délicieux peut-être,
mais pour quelque tems ſeulement,
dont les deux tiers ne ſont qu'amertume & regrets, & la fin le commen-
cement d'un malheur éternel, à une
vie marquée il eſt vrai dans ſon au-
rore par des travaux & par des com-
bats, mais ſoutenue dans ſon midi par
l'heureuſe habitude des ſuccès & de la
victoire, & dont le crépuſcule n'eſt que

le paſſage des ténebres de ce ſéjour à la gloire de l'immortalité! Des Hommes créés raiſonnables peuvent-ils s'aveugler au point de préférer les fleurs aux fruits, l'apparence à la réalité, & de ſe porter la mort dans le ſein ſous la douceur trompeuſe d'un breuvage empoiſonné? Mais parmi les voluptueux, ceux dont l'état eſt le plus déplorable, ſont ces furieux qui ne pouvant étouffer en eux la voix puiſſante de la raiſon, excitent pour l'affoiblir le cri tumultueux de leurs paſſions en donnant tête baiſſée dans toutes ſortes de déſordres. Car il n'eſt que trop de ces harpies inſatiables qui plus on leur donne, plus elles demandent.

Il ne faut que jetter un coup d'œil ſur les effets les plus ordinaires de la volupté, pour en concevoir de l'horreur, aveuglement dans l'eſprit, illufions & fantômes chimériques dans l'imagination, dépravation de goût, baffeffe de fentimens, corruption du cœur, abandon de tous fes devoirs, inquiétudes continuelles, intrigues, fatigues, jaloufies, fureurs, duels, défefpoir fi l'on échoue, dégoûts après la poffeffion ; caprices dans le changement des objets de fa paffion, toujours la même pour les plaifirs des fens : à tous ces maux ajoûtons les maladies honteufes & prefque toujours certaines, qui font les avant-coureurs des châtimens févères qu'un Dieu vengeur réferve aux voluptueux dans l'autre vie ; & faifis d'un falutaire frémiffement, fuyons, deteftons jufqu'à l'ombre même de la volupté . . . Les incontinens ont coutume de s'excufer fur la force du penchant & des tentations, fur la foibleffe de notre nature ; mais eft-ce en s'a

bandonnant à ce malheureux penchant
en se rendant aux sollicitations de l'esprit séducteur, qu'ils en amortiront la
violence ? Est-ce en éteignant de plus
en plus par des dissolutions continuelles les lumières de leur esprit, en
étouffant dans leur cœur le germe de
la vertu, & y tarissant la source des
graces du Ciel, qu'ils parviendront à
fortifier cette nature dont ils se plai-
gnent ? Ils épuiseront, à la vérité, les
forces de leur tempérament : le péché
pourra enfin quitter leur corps ; mais
leur ame renoncera-t-elle au péché ? Ne
sera-t-elle pas toujours dévorée de desirs
d'autant plus vifs qu'il sera plus difficile
ou plus impossible de les satisfaire ?

Il y a des libertins assez pervers, assez audacieux pour dire hautement que
l'œuvre de la chair avec des personnes
libres & consentantes à leurs desirs,
n'est point un péché ni un mal moral.

Je ne leur opposerai point ici les ana-
thêmes que l'Evangile lance contr'eux.
Ils n'en reconnoissent point les au-
gustes Sacremens , puisqu'ils soutien-
nent que celui du mariage n'est qu'une
vaine cérémonie , invention de la politique des souverains pour le maintien
& le bon ordre de leurs états. Je me
contenterai de leur faire voir en peu
de mots que leur principe contredit
la loi naturelle , sur laquelle ils prétendent l'appuyer. Cette loi ordonne de
ne faire aucun tort ; mais les suites
d'un commerce illicite ne perdent-el-
les pas la réputation de la mère ? Di-
ront-ils qu'ils apporteront tous leurs
soins pour tenir la chose secrete ? Mais
n'éprouve-t-on pas tous les jours l'inutilité de semblables précautions ? Ac-
cuseront-ils d'injustice les loix d'un
état ? Mais tous les états du monde
ont-ils donc conspiré contre celles de

la nature ? Ils font les premiers à dé-
biter en toute autre occafion, cette
maxime : *Si fueris Romæ, roma-
no vivito more* : à Rome, vivez comme à Rome. Maxime en effet très-fage
quant à l'obfervation des loix d'un
Royaume, & à laquelle il n'y a que
Dieu & fa religion qui puiffent nous
ordonner de déroger. Les Martyrs ne
l'ont tranfgreffée, en prêchant l'Evangile malgré la défenfe des Empereurs,
que pour obéir à la Divinité. J'ai vu
des incrédules & des déiftes même ré-
pondre en difant qu'il y avoit des
moyens de mettre à l'abri la réputation de l'objet aimé, & de ne point
bleffer ouvertement les ufages reçus.
Quelle monftrueufe contradiction
avec eux-mêmes ! Leur fiftême odieux
ne tend-il pas directement à l'anéan-
tiffement & des loix naturelles & de
la nature entière ?

La volupté ne déshonore pas seulement la perſonne qui condeſcend à nos
lâches deſirs, mais elle nous avilit nous-
mêmes ; elle nous fait décheoir en un
inſtant du plus haut dégré de gloire
auquel nous ayons jamais pu parvenir. Salomon en eſt la preuve ſenſible. L'indignation que l'amour honteux qu'il a eu pour les femmes a ex-
cité chez la poſtérité , a toujours été
d'autant plus vive, que ſa ſageſſe avoit
eu plus d'éclat & de ſublimité.

Heureux celui qui ſçait ſe défendre
des appas trompeurs & perfides de la
volupté ! Sa victoire eſt illuſtre & complette ; il triomphe d'une partie de lui-
même qui s'étoit révoltée contre l'autre , en abuſant de la pente invincible
qui entraîne l'Homme vers ſon bien-
être , & en le lui faiſant chercher où
il ne peut ſe trouver. Le ſeul reméde
aux attaques de la volupté eſt, je

j'ai dit, de recourir à la miséricorde divine, & de fuir tout ce qui peut en allumer les flammes dans notre cœur. Si notre tempérament nous paroît un obstacle trop difficile à surmonter, suivons le conseil de St. Paul : contractons des nœuds légitimes, & nous pourrons goûter dans la paix d'une conscience pure le plaisir & la gloire de donner des citoyens à l'état, & des cohéritiers à J. C.

MESSALINE.

Les débauches de cette Impératrice ne sont ignorées de personne. Tout le monde sçait qu'elle alloit souvent dans les mauvais lieux, & qu'elle n'en sortoit jamais *rassasiée*, mais seulement lassée d'Hommes, suivant l'expression d'un célèbre Poëte latin. Elle mit le comble à toutes ses horreurs, par le

mariage qu'elle contracta publique-
ment, du vivant de l'Empereur Claude
son mari , avec un ieune Gentil-homme romain , nommé Caius-Silius.
Claude ouvrit pour cette fois les yeux
sur l'aveuglement où l'avoit plongé
jusqu'alors l'amour excessif qu'il por-
çoit à sa femme , & chargea un de ses
affranchis de la faire mourir : ce qui
fut éxécuté promptement. *Tacite , Sue-
tone.*

III.

De la Sobriété.

Je n'en dirai que deux mots. Elle
consiste à ne faire aucun excès dans
le boire ni dans le manger. Il est dans
l'ordre de Dieu que notre ame veille
à la conservation de son corps. C'est
pour cette fin que nos sens nous ont
été donnés. La Providence a attaché
des faveurs délicieuses aux différens

mets destinés pour la nourriture de
l'Homme, afin de l'exciter à y recourir pour réparer ses forces affoiblies
par les fatigues & par la continuité du
travail. Il doit toujours se mettre à
table dans cette vue ; & lorsqu'il tire
sa subsistance des sucs des animaux &
des fruits créés pour son usage, élever son ame vers le ciel pour y chercher une nourriture bien plus précieuse, & qui soit le germe de l'immortalité.

La frugalité est la gardienne de la
chasteté, & la mère de la bonne santé. Par elle on dompte la chair, en
lui refusant ce qui pourroit la faire ré-
volter contre l'esprit ; & l'on maintient
l'équilibre entre les solides & les flui-
des du corps, d'où dépendent l'uni-
formité de ses mouvemens, la bonté
de l'organisation, la perfection & la
durée de l'économie animale.

Une trop grande sobriété qui iroit jusqu'à nous interdire une certaine qualité ou quantité de mets nécessaires pour le recouvrement ou pour la conservation de la santé, ne seroit plus une vertu humaine, mais une pénitence chrétienne. On a vu de saints personnages ne manger que lorsque leurs forces les abandonnoient entiérement, & précisément pour s'empêcher de mourir. Conduite bien louable, digne de notre admiration, mais que ne je proposerai pour modèle à personne. C'est aux ames vertueuses & pénitentes à se consulter dans le silence de la prière sur les inspirations de l'Esprit Saint ; & à prendre le parti d'une obéissance aveugle aux avis de Directeurs éclairés.

ALEXANDRE LE GRAND.

Ce fameux conquérant, après avoir pris Ecbathane, sçut que Darius fuyoit la Bactriane. Il résolut de le suivre, & fit tant de diligence qu'il arriva à Rhaguès en onze jours. La plûpart de ses troupes étoient épuisées, & rendues, souffrant encore plus de la disette d'eau que de la longueur du chemin. Quelques-uns de ses soldats qui portoient de l'eau dans des peaux de chevres, l'ayant vu à demi mort de fatigue & de chaleur, remplirent promptement un casque, & coururent lui présenter à boire. Le Prince leur demanda pour qui ils étoient allés chercher cette eau ; ils répondirent, *C'est pour nos enfans ; mais ne vous inquiettez pas, Seigneur, pourvu que vous viviez, nous en aurons assez.* Sur ces offres Ale-

xandre prend le casque, & regardant
autour de lui, il voit tous les cava-
liers la tête penchée, & les yeux avi-
dement baissés sur cette boisson. Il la
rend à ceux qui la lui avoient présen-
tée, & les remercie sans vouloir en
faire usage. Il n'y en a pas assez pour
tous mes gens, leur dit-il; *& si je
buvois seul, les autres en seroient encore plus altérés, & mourroient de
langueur & de défaillance.* Ses cava-
liers voyant cette magnanimité & cette
tempérance, lui crièrent de les mener
partout où il voudroit, avec une confiance entière & sans les ménager;
l'assurant qu'ils n'étoient plus las,
qu'ils n'avoient plus soif, & qu'ils ne
se croyoient plus des hommes mortels,
pendant qu'ils auroient un tel Roi.
*Hist. des Empires & des Républiques
par Mr. l'Abbé Guyon, tom. 4.*

IV.

De la Gourmandise.

Il y a long-tems qu'on a proposé
pour la première fois aux Hommes
cette belle maxime : mangez pour vivre, & ne vivez pas pour manger.
Cependant combien s'en trouve-t-il
qui semblent n'avoir d'autre Dieu que
leur ventre, pour me servir de l'expression de St. Paul ?

Gastrolatre n'est pas plûtôt éveillé
qu'il pense à faire un ample dîner. Il
a encore l'estomach chargé du souper
de la veille, & ce ne sera que des
vins exquis & des liqueurs fines qui
pourront opérer une coction même assez imparfaite de mets si différens &
pris en si grande quantité. Il voudra
enfin quitter la table, mais inutilement ; & la tête appésantie par les
plus noires fumées, il ne se sentira

pas emporter dans son lit où son corps demeurera jusqu'au lendemain enséveli dans un sommeil profond, dont il ne sortira que pour se plonger dans la même crapule. Est-ce-là la vie d'un Homme ? C'est à peine celle des animaux les plus voraces.

Mais quels seront les effets d'une Intempérance si monstrueuse ? D'abord l'altération, & bientôt la destruction totale de la santé. Un estomach qui regorge de viandes envoie continuellement des tourbillons de vapeurs qui obstruent l'organe du goût, de manière que les mets les mieux assaisonnés deviennent à la fin insipides, & ne font plus aucune sensation ; delà l'inappétence, & les maladies qui la suivent nécessairement.

C'est entendre au plus mal les intérêts mêmes de sa passion dominante que de travailler à émousser son goût

en voulant le satisfaire ; à abréger sa
vie, lorsqu'on n'en peut envisager le
terme qu'avec horreur.

A la vérité il semble qu'aujourd'hui
il régne dans les repas une délicatesse
tout-à-fait opposée à la profusion. On
ne veut que l'élixir des mets les plus
exquis. Pour peu qu'une nourriture ait
de consistance, elle n'est digne que
de la bouche du simple bourgeois.

La bonne compagnie ne sçait plus
ce que c'est que de boire un verre de
vin de Bourgogne pur ; il est igno-
ble de n'y mettre pas les trois quarts
d'eau : n'êtes-vous pas tenté de prendre tous les convives pour autant de
modèles d'une sobriété parfaite ? Mais
attendez le dessert ; on y sablera à l'en-
vi le Champagne auquel on fera succéder le vin de Chypre ou de Siracu-
se. Encore si ces dieux de la terre ne
vendoient pas si cher au reste des Hom-

mes ce vin qu'ils cueillent sur leurs
coteaux, & dont ils font si peu de
cas ! Mais il nous faut bien payer les
frais de coût & de transport des différens nectars dont ils s'enyvrent si
délicieusement, ou plûtôt si dangé-
reusement pour leur santé & pour leur
vie même. Car trop d'épices dans les
viandes, trop de feu dans le vin ou
dans les liqueurs, est autant nuisible
au tempérament que tout excès dans
la quantité seule des mets ou de la
boisson.

Le bourgeois & l'artisan ne font
pas moins atteints, proportion gardée
dans la dépense, du vice de la gourmandise, dont je ne détaillerai point
ici toutes les autres suites funestes.
On n'éprouve que trop qu'elle allume
le feu de la concupiscence : le corps
engraissé ne cherche qu'à rompre les
liens qui le tiennent asservi sous l'em-

pîre de la raiſon ; & ſi les Hommes
n'euſſent jamais fait qu'un uſage modéré du vin , les, faſtes du monde n'of-
friroient pas à nos regards tant d'horribles ſcènes où la colère & la fureur ,
dignes enfans de l'yvreſſe , ont joué les
roles les plus cruels & les plus honteux.

Paſſons préſentement des devoirs
de l'Homme à l'égard de lui-même à
ceux qui le lient comme membre de
la ſociété.

ELIOGABALE.

Eliogabale, ou Heliogabale , nommé
auſſi Marc-Aurele-Antonin , ſuccéda à
l'Empire à Macrin par les artifices de
ſon ayeule Mœſa , qui gouverna l'Etat
pendant la minorité de ſon petit fils. Il
fut un monſtre d'impudicité , & de dé-
licateſſe exceſſive dans les repas. Il ne
mangeoit que des viandes extrêmement

chères, & difoit que la cherté en étoit
le principal affaifonnement. Chaque
repas lui coûtoit fix marcs d'or ; il en
faifoit quelquefois qui lui revenoient à
cent-cinquante marcs. Crêtes de coqs,
langues de paons & de roffignols, œufs
de perdrix, têtes de faifans, toutes
fortes d'oifeaux & de poiffons rares,
vins des meilleurs crus, & qu'on faifoit venir à grands frais des contrées
les plus éloignées, garniffoient une
longue fuite de tables. Non-feulement
il ne fe nourriffoit que de mets exquis ; mais encore, fi l'on en croit
les Hiftoriens, il en raffafioit fes do-
meftiques, & même les animaux de
fa ménagerie.

Sa fin fut auffi funefte que fa vie
avoit été diffolue. Les foldats de la
cohorte prétorienne confpirèrent contre lui ; & après avoir maffacré la plûpart de fes ferviteurs & favoris, com-

pagnons de ses débauches, ils le tirèrent d'un lieu sale & obscur où il
s'étoit caché, le mirent en piéces &
le jettèrent dans le Tybre : ce qui fut
fait au grand contentement de tout le
peuple & du Sénat. Il n'étoit âgé que
de 17 ans selon quelques-uns , & de
20 selon d'autres. *Lampride , Hero-
dien , Aurele-Victor, Eutrope.*

PARTIE III.
DES DEVOIRS
DE L'HOMME
A L'ÉGARD DE LA SOCIÉTÉ.

TOUTE la Société conspirant au bien-être de chacun de ses membres, il n'y en a point qui ne doive s'efforcer de contribuer au commun bonheur de tous les Hommes. Nous sommes donc dans l'obligation absolue d'aimer nos semblables. Ainsi le premier chapitre de cette troisiéme partie roulera sur l'amour & sur l'amitié.

Nous

Nous opposerons à ces vertus, par excès, la passion & la foiblesse ; par défaut, la haine & l'insensibilité à l'égard des perfections ou des intérêts d'autrui.

Lorsqu'on aime véritablement la société, on est juste & bon envers les particuliers qui la composent. La justice & la bonté feront la matière des second & troisiéme chapitres.

Nous distinguerons la justice proprement dite de la probité. Nous étendrons cette dernière vertu, à la sincérité, à la fidélité, à la reconnoissance ; contre lesquelles n'y ayant point proprement de vices par excès ; nous leur opposerons par défaut, à la sincérité, le mensonge, la flatterie & l'envie ; à la fidélité, la perfidie ; à la reconnoissance, l'ingratitude.

Les branches de la bonté ou de la bienfaisance, sont la clémence, la pi-

rié ou la compassion, la libéralité, &
la générosité.

Trop de clémence autorise le vice;
la sévérité est une vertu, mais son excès est un défaut de clémence.

Les malheureux ne peuvent trop exciter notre compassion; en manquer à
leur égard, c'est cruauté.

On péche contre la libéralité, par
excès, en prodiguant ce qu'on posséde; par défaut, en se refusant aux
vrais besoins de ses frères pour entasser
richesses sur richesses. Enfin il est trop
peu de générosité chez les Hommes,
pour mettre un frein à cette vertu, en
cherchant à lui opposer quelque vice
par excès : nous nous contenterons
de lui opposer, par défaut, la vengeance fille de la colère.

CHAPITRE I.

I.

De l'Amour.

J'AI traité, dans la première partie
de cet ouvrage, de l'amour de Dieu.
Je dois parler ici de celui dont Dieu
nous fait un devoir indispensable à l'é-
gard du prochain. Mais ou nous sommes
liés avec ce même prochain, de fait
ou d'intention, par les nœuds du sang,
& notre affection pour lui est ce qu'on
appelle proprement amour; ainsi l'on
dit l'amour d'un sexe pour l'autre,
l'amour conjugal, l'amour paternel,
l'amour filial, l'amour fraternel : ou
nous n'avons avec lui que des rapports
éloignés de consanguinité, ou de simple société générale ou particulière, &
nous l'aimons d'amitié : l'amitié fera

H ij

le sujet du chapitre suivant. Revenons à l'amour.

1°. Cette fougue violente qui emporte indifféremment les personnes débauchées vers toutes celles en qui ils croient appercevoir de la jeunesse & des agrémens, ne mérite point le nom d'amour ; mais seulement cette douce inclination qui nous attache à un objet chez qui nous découvrons à chaque instant un nouveau dégré de perfection, ou, sur les légers défauts duquel nous aimons à fermer les yeux. Nous désirons ardemment de lui être unis. Nous employons tous les moyens légitimes pour contracter avec lui une alliance heureuse & sainte. Nous craignons de lui déplaire & de le perdre ; mais une vive espérance rallentit cette crainte, & donne une nouvelle vigueur à notre amour ; car l'amour des sexes ne subsiste guères, du moins avant la mariage, que par la crainte & par l'espérance. Cette pente, ces desirs, ces mouvemens de notre cœur, nos démarches, tout cela est dans l'ordre de la nature. S'il ne nous est pas possible de nous dépouiller de toute affection terrestre, l'esprit peut vivifier en nous la chair; & l'union des corps, élevée à la dignité de Sacrement, peut devenir pour nous un moyen de sanctification.

Rien ne caractérise tant le véritable amour que la timidité & la retenue. Un coup d'œil jetté comme au hazard sur la personne que l'on aime, un soupir échappé, quelques paroles prononcées sans liaison & d'un ton peu assuré, persuaderont beaucoup mieux que ces sermens redoublés, ces protestations accompagnées de larmes, ces instances criminelles. Que dis-je! ces dernières démonstrations ne sont que la preuve du déreglement des sens &

de la raison, & non le témoignage
d'un amour sincère & durable, dont
la vertu seule peut être l'ame & le
principe. Aussi l'amour vertueux donne-t-il des mœurs douces & aimables,
lorsque la débauche au contraire est
capable de faire en peu de tems de
l'Homme le plus poli, & du meilleur
commerce, un impudent sans égards,
un furieux intraitable. En un mot point
de véritable amour sans estime ; &
estime-t-on une femme que l'on presse
de se déshonorer ?

2°. Mais pour devenir époux heureux, il faut s'assortir. Si l'esprit, le
cœur & le caractère ne simpatisent
point, il est de la dernière témérité
de s'engager dans un mariage auquel
il ne peut y avoir que l'intérêt ou
l'ambition qui préside. Si la chair &
le sang l'ont contracté, & non l'esprit
& la vertu, il sera à proprement par-

ler un enfer anticipé. Qui sème la corruption, ne recueillera que la mort. L'amour conjugal est véritable, lorsqu'il dure longtems après l'union : le frivole s'évanouit à l'instant même de la passion. Il est rare que les années n'éteignent pas l'amour dans le cœur des époux ; ce n'est plus alors la même ardeur, le même empressement ; cependant s'ils sont vertueux & sages, ils s'aimeront d'une tendre amitié ; ils se rendront des soins mutuels : ils auront l'un pour l'autre des égards, des sollicitudes. Mais hélas ! combien voit-on de maris & de femmes qui, loin de s'arrêter à l'indifférence, aux égards de bienséance, aux complaisances de devoir, conçoivent un dégoût & un mépris réciproques !

Le conseil le plus prudent qu'on puisse donner aux époux, c'est de vivre toujours comme amans, & de ne

point négliger les soins qu'ils prenoient
de se plaire avant le mariage. L'a-
mour entre par les yeux dans le cœur,
& c'est aussi par les yeux qu'il en sort.
Si donc un mari n'offre plus à sa femme, ou la femme à son mari, qu'un
extérieur rebutant, qu'un visage dans
toute sa laideur, ou qu'une taille dans
toute sa difformité, supposé que la
nature leur ait été ingrate; ou si
n'ayant point à s'en plaindre, ils cessent d'étayer leurs graces naturelles
des secours innocens d'un art dont ils
ont ressenti l'influence & le pouvoir,
il n'est pas étonnant que l'aveuglement total ou une certaine séduction
cessant, ils ne tombent bientôt dans
le dégoût, ou dans le refroidissement.

3°. Deux époux deviennent père &
mère; ils ont eu la gloire de coopérer à la création d'êtres raisonnables,
capables de connoître & d'aimer Dieu.

Que leurs enfans à ce titre doivent leur être chers ! Avec quel soin faut-il qu'ils veillent à la vie & à l'éducation de ces fruits de leur amour !

C'est manquer à l'amour maternel que de donner ses enfans à nourrir à des femmes étrangères, sans une conviction entière de la foiblesse de son tempérament, & sans un danger prochain de ruiner ou d'altérer considérablement sa santé. Mères, qui cessez de l'être par une coquetterie ridicule, ou par une criminelle complaisance pour vos maris sensuels, ou qu'une vie qui n'est que le tissu honteux de nuits tumultueuses & fatigantes & de jours perdus dans les bras d'un sommeil devenu nécessaire, met hors d'état de remplir les premiers devoirs de la maternité ; à combien de suites fâcheuses ne vous exposez-vous pas, en forçant la nature d'ouvrir à votre lait

d'autres voies que celles qu'elle a pra-
tiquées elle-même! Que de maladies,
que d'infirmités ne ſucent pas avec un
lait étranger vos enfans, ces malheu-
reuſes victimes de votre moleſſe ou
de votre cupidité. Vos enfans! Oui
ce ſont les vôtres, lorſque les nourrices les reçoivent de vos mains : mais
ce ſont les leurs, quand elles vous
les rapportent; elles ne s'en ſéparent
que les larmes aux yeux, & ces tendres nourriſſons ne peuvent ſe ſentir
arracher aux mammelles qui les ont
allaitées, ſans exprimer leur douleur
par des cris perçans & continuels. La
nature ne leur dit rien pour vous,
& ſemble vous punir de ce que vous
l'avez étouffée dans votre cœur à leur
égard au moment de leur naiſſance.

La mère doit partager avec le père
le fardeau pénible de l'éducation de
ſes enfans. Mais c'eſt le père que ce

foin regarde plus particulièrement. Il
est le roi de sa famille. En lui réside
la plénitude de l'autorité ; & l'amour
paternel consiste à bien gouverner ses
enfans, c'est-à-dire, à leur donner
des préceptes & surtout des exemples de toutes les vertus, à les récompenser lorsqu'ils ont bien fait,
& à ne pas manquer de les corriger,
quand ils ont omis une partie essen-
tielle de leurs devoirs. Et comment
les corriger ? Sans aigreur, sans em-
portement, jamais par des coups ;
mais par des paroles pleines de sagesse & de force, en mortifiant leur
amour propre, en se refusant à leurs
desirs quelqu'innocens qu'ils puissent
être, enfin en ne leur montrant un
front de père & d'ami, qu'après les
avoir vu rentrer sous le joug de l'o-
béissance. Il est souvent à-propos d'a-
voir de l'indulgence pour leurs fautes

légères : mais il ne faut jamais fermer les yeux sur aucune.

Ce qui rend principalement inutiles les soins des pères & mères, c'est la contradiction dans la conduite qu'ils tiennent à l'égard de leurs enfans ; ce sont des menaces ou des promesses sans effets, ou effectuées & non méritées.

4°. L'amour filial est fondé sur la nature & sur la reconnoissance. Sur la nature ; un enfant est tout son père, toute sa mère ; & les aimer, c'est s'aimer soi-même : sur la reconnoissance, c'est d'eux qu'il tient la vie & l'éducation. Combien ne leur a-t-il pas coûté de peines, de travaux, d'inquiétudes ? Si un père a négligé de donner à son fils une éducation convenable, il lui a manqué ; mais le fils ne doit pas moins en aimer son père, comme auteur de son être, & con-

séquemment

féquèmment comme la première caufe , après Dieu , de toutes les perfections qu'il peut acquérir. L'éxiftence
n'eft-elle pas l'origine & la fource de
toute perfection ? Éxécuter promptement , ponctuellement & affectueufe-
ment les ordres de fes père & mère ,
fe conformer à toutes leurs intentions ,
les foulager dans leurs afflictions , fe
facrifier pour eux lorfque le cas l'é-
xige , ne point appercevoir leurs défauts ou les fupporter avec refpect ,
leur faire d'humbles repréfentations
s'ils commandent d'agir contre la loi
de Dieu , obéir dans les chofes indif-
férentes , quoiqu'on n'y voye aucune
utilité ; c'eft en quoi confifte le véritable amour filial. Difons un mot de
l'amour fraternel.

5°. Pour comprendre quelle devroit
en être la force , il n'en faut que con-
fidérer les différens nœuds ; formés du

I

même sang, portant le même nom,
ayant droit au même héritage, élevés
avec les mêmes soins, des frères ont
vêcu pendant des 15 & 20 années dans
la douce habitude de se regarder comme appartenans les uns aux autres;
en faudroit-il davantage pour accroî-
tre & conserver dans leur cœur une
affection mutuelle & sincère, une sim-
pathie constante & inaltérable. Comment donc cette maxime a-t-elle pu
être vraie de tout tems; que l'amour
& la concorde se trouvent rarement
entre des frères ? O dépravation du
Cœur de l'Homme ! O juste punition
de sa révolte contre son Créateur !

Les nœuds du sang devenant plus
foibles à mesure qu'ils s'éloignent de
leur principe, l'affection mutuelle des
parens qui ne le sont qu'à certains
dégrés, doit plûtôt s'appeller amitié
qu'amour. Elle est plus ou moins for-

te, fuivant le dégré plus ou moins immédiat ; mais elle rentre toujours à peu de chofe près dans les fenti-mens du Cœur qui font dûs à la fo-ciété, & dont il eft tems de parler.

JACOB, THAMAR.

Jacob, ce faint patriarche, eut une fi forte inclination pour Rachel qu'il fe détermina à fervir Laban pendant fept ans, pour l'obtenir de fon père. Les fept années écoulées, Laban qui fen-toit tout le prix du travail de Jacob, éluda l'éxécution de fa promeffe, en fuppofant de nuit Lia à la place de Râ-chel. Jacob s'étant apperçu de la fraude, s'en plaignit à Laban, qui éxigea pour Rachel fept autres années de fervice. Le fils d'Ifaac, loin de fe rebuter, tra-vailla de nouveau avec plus d'ardeur, pour mériter l'objet de fes vœux, &

I ij

prouva par cette conduite la violence de l'amour d'un sexe pour l'autre. *Genese.*

❋

Thamar est encore une preuve de ce penchant naturel. Je ne parle pas de Thamar sœur d'Absalon & fille de David, qui fut violée par Ammon son frère de père ; mais de la fille de Melchisedech, selon quelques-uns, qui épousa successivement Her & Onan fils de Juda, fils de Jacob. Son beau-père ne voulut pas lui donner pour troisiéme époux son autre fils Sela, le seul qui lui restoit. C'étoit la coutume chez les Juifs, que le frère épousât la femme de son frère mort. Thamar alors, s'étant habillée en femme publique, eut commerce avec Juda, dans le dessein d'avoir lignée. Juda ignoroit que ce fût sa bru. Quand il la vit grosse, il vouloit la faire brûler ; mais elle lui fit connoître qu'elle étoit enceinte de son fait, & rejetta sa faute sur lui, parce qu'il ne lui avoit pas rendu la justice portée par la Loi. De cet inceste sortirent Pharès & Zaram. *Genese.*

✳ ✳ ✳

TIBERE, surnommé GRACCHUS.

ARTEMISE.

✳

Cet illustre censeur de Rome, & cette fameuse reine de Carie peuvent être regardés comme deux parfaits modéles de l'amour conjugal.

Tibere par sa valeur & sa sagesse mérita l'honneur d'épouser Cornelie, fille de Publius Scipion le vainqueur d'Annibal. Ayant apperçu dans son lit, au rapport de son fils Caïus Gracchus, deux serpens, mâle & femelle, il prit la chose pour un prodige, assembla les Augures, du nombre desquels il étoit lui-même, & les consulta. Leur réponse fut qu'*il falloit tuer l'un des deux serpens, & laisser aller l'autre: que s'il tuoit la femelle, sa femme mourroit bientôt ; & qu'il auroit le même sort, s'il donnoit la mort au mâle.* Tibere se voyant dans un âge déja avancé aima mieux accélérer une mort qu'il ne devoit pas tarder à subir, que de mettre au tombeau Cornelie qui étoit dans la fleur de sa jeunesse, & qui pouvoit donner d'un autre mari des citoyens à la patrie. Il se détermina donc à tuer ce serpent mâle, & mourut peu de jours après. *Valere Maxime.*

✳

Artémise avoit tendrement aimé son mari Mausole. On peut juger du regret qui la consumoit jour & nuit depuis la mort de ce cher époux, par les honneurs qu'elle rendit à sa mémoire. Elle engagea par de grandes récompenses les plus beaux esprits de son tems à célébrer les louanges de Mausole ; & lui fit élever un tombeau si magnifique, qu'il fut mis au nombre

dés sept merveilles du monde. Elle ne
se contenta pas de ces marques d'a-
mour pour les précieux restes de son
mari ; elle voulut encore lui servir de
tombeau vivant. Après avoir mêlé les
cendres de Mausole avec des aromates,
elle les but dans de l'eau, & les trans-
forma ainsi en une partie d'elle-même.
Aulugelle.

GORGUS, ET CAMBALE.

Un Sicilien nommé Cambale, homme riche & puissant, (*Cambale n'étoit
que son surnom, mais les Historiens ne
disent pas son nom,*) étant allé un jour
à la chasse, se vit prêt à tomber entre les mains d'une troupe de voleurs.
Il se mit aussitôt à courir de toutes ses
forces, pour regagner la ville, où il
faisoit son séjour. Il rencontra par ha-
sard Gorgus son père, qui étoit mon-
té sur un bon cheval. Il lui dit le pé-

ril qui le menaçoit. Gorgus mit pied
à terre, & pressa son fils de se servir de sa monture, & de fuir à toute
bride. Le fils refusoit d'exposer la vie
de son père, pour sauver la sienne;
& le père ne vouloit point se soustraire
au danger, voyant que, s'il le faisoit,
il livreroit son fils à une mort certaine. Tandis qu'ils disputoient ainsi
tous les deux de tendresse, les voleurs
eurent le tems de les atteindre; & ces
scélérats les percèrent de coups. *Diodore de Sicile.*

Voilà sans doute un bel exemple de
l'amour paternel & filial. Mais je ne
puis m'empêcher ici de remarquer le
peu de jugement du père & du fils.
Ils pouvoient tous deux échapper en
même tems au danger. Le fils n'avoit
qu'à monter en croupe derrière son
père. Je sçais qu'une crainte excessive,
inséparable de circonstances si pressan-

tés ; ne laisse pas l'esprit dans son repos naturel, & qu'elle lui ôte souvent
l'usage de la réfléxion. Mais Gorgus
& Cambale réfléchissoient assez, pour
chercher à se convaincre réciproquement de l'amour le plus tendre. Comment n'ont - ils pas pensé au moyen
facile qui leur étoit offert de se conserver l'un à l'autre ?

CODRUS.

L'amour de la patrie, dit Ciceron,
embrasse tous les autres amours. Que
d'éloges ne mérite donc pas Codrus,
roi des Athéniens, qui se livra volontairement à la mort pour la conservation des siens ! Ce vaillant capitaine étoit en guerre avec les Doriens,
qui mettoient son pays à feu & à sang.
Il fit consulter l'Oracle de Delphes,
pour sçavoir par quel moyen il pourroit détourner de ses états une guerre

ſi cruelle. Apollon répondit *que l'Attique ſeroit bientôt délivrée de ce redoutable fléau, ſi le roi périſſoit par la main des ennemis.* Les Doriens ayant appris la réponſe de l'Oracle, défendirent de bleſſer la perſonne même de Codrus. Mais ce prince quitta toutes les marques de ſa dignité, prit un habit de ſimple ſoldat, ſe mêla à un gros d'ennemis qui fourageoient, en frappa un de ſa faulx, & l'excita par cette action à lui ôter la vie. Les Doriens ayant reconnu le corps de Codrus, ſe retirèrent ſans livrer le combat, & ainſi les Athéniens furent redevables de leur ſalut à la valeur de leur ſouverain, & à ſon amour pour ſa patrie. *Juſtin. Paterculus.*

I I.

De l'amitié.

L'Homme appartient comme mem-

bre à toute la société des Hommes,
comme citoyen à sa patrie, comme
ami à ses amis.

Les sentimens qu'il doit à sa patrie
se rapportent à l'amour filial, la patrie étant considérée comme la mère
de tous ceux qu'elle a vu naître. Aussi
un bon citoyen ne trouve-t-il rien de
plus doux que de se dévouer au service de l'état, & de risquer sa vie pour
la gloire du prince & pour le bonheur
de ses compatriotes. L'amour de la patrie est inné au fond de tous les cœurs :
& c'est lui qui enfante chez un peuple
la persuasion où il est de sa prééminen-
ce sur toute autre nation. Mais cet
amour est souvent mal entendu ; il dégénère en un attachement excessif pour
les préjugés & pour les modes du pays,
& condamne comme mauvais ou ridicules tous les usages qui leur sont opposés. Les premiers Romains ne s'a-

veugloient pas jusqu'à ce point ; ils adoptoient tout ce qu'ils trouvoient de bon dans les mœurs & dans les coutumes des étrangers ; & on les a toujours loués d'avoir concouru ainsi à la gloire, & à l'utilité de la patrie : c'étoit là véritablement l'aimer. Mais si l'amour de la patrie mérite des éloges, ceux qui prennent pour régle de leur conduite cette fausse maxime ; Où est mon bien-être, là est ma patrie, sont dignes du mépris le plus signalé.

Nous devons avoir une amitié vraie, sincère, agissante & constante pour les Hommes en général, nos compatriotes ou non ; & elle consiste à ne nous refuser à aucun de leurs besoins pressans, & à les obliger autant que nous le pouvons, pourvu que ce soit toujours dans l'ordre. Mais mon dessein est de parler seulement de l'amitié plus intime entre plusieurs personnes. Nous

ne pouvons nous suffire à nous-mêmes,
& nous formons avec d'autres une liaison qui étaye pour ainsi dire notre
éxistence, & qui nous dérobe à l'ennui que nous causeroit une vie solitaire
& isolée. L'habitude d'entretenir avec
quelqu'un un commerce honnête &
agréable, voilà l'amitié.

Il n'y a point d'amitié entre les
méchans, parce qu'ils ne peuvent s'empêcher de se mépriser réciproquement,
& que le mépris est incompatible avec
l'affection. L'amitié véritable est donc
nécessairement appuyée sur la vertu.
Mais si nous ne trouvions de l'agré-
ment dans le commerce des gens vertueux, nous nous en tiendrions à l'estime & à l'admiration, & nous ne sen-
tirions pour eux aucun de ces mouvemens qui nous entraînent vers ceux
dont l'amitié flatte notre goût. L'Homme ne peut se dépouiller de tout lui-

même, & il partage avec ſes amis l'affection qu'il leur porte. On aime une
perſonne pour elle & pour ſes vertus;
mais on la chérit encore pour la douceur que l'on goûte dans ſes entretiens,
& pour la ſatisfaction que l'on retire
de ſa ſociété. Toujours un peu d'intérêt reſſerre les nœuds que l'eſtime a
commencé de former; la preuve en
eſt convaincante. Comme c'eſt nôtre
inſuffiſance qui nous fait chercher des
amis, c'eſt l'inſuffiſance de leur amitié qui nous les fait changer. Il eſt
aiſé de voir que l'intérêt que j'admets
ici comme le ſceau de l'amitié, eſt
bien différent de l'intérêt vil & ſordi-
de de ces gens qui s'attachent à la
fortune & non à la perſonne, qui n'aiment que pour l'utilité qu'ils ſe promettent, & non pour les perfections
qu'ils remarquent. Auſſi leur amitié
ceſſe t-elle avec l'eſpérance du profit

ou du plaisir. Mais quand je dis que
l'amitié la plus forte est toujours un
peu intéressée , je parle de la fin louable que nous nous proposons , de ce
plaisir délicat auquel il nous est impossible de renoncer , & qui est inséparable du commerce des honnêtes gens.
Nous nous complaisons dans nos amis ,
parce qu'ils nous plaisent ; & comme
rien ne nous plaît d'avantage que nous-
mêmes , l'amitié que nous avons pour
eux , & la préférence que nous leur
donnons sur les autres Hommes , ne
sont à le bien prendre que des sentimens d'amour pour nous , & d'intérêt pour notre bonheur.

Mais quels sont les caractères de la
véritable amitié ?

La vertu & le désintéressement. (Je
me suis expliqué ci-dessus.) Indiquons
en peu de mots les devoirs de deux
vrais amis ; les voici : se vouloir & se

faire du bien réciproquement. La simple velléité seroit ridicule : il faut une
volonté agissante ; & l'amitié de bienveillance n'est rien sans celle de bienfaisance. L'ennemi qui ne nuit point
vaut autant que l'ami qui n'aide pas...
S'unir d'esprit & de cœur, agir toujours de concert, & pour une fin honnête ; se confier mutuellement ses pensées, & se les communiquer librement dans la vue & dans la résolution
de les rectifier, si elles ont besoin de
l'être ; ne point appercevoir l'un les
légers défauts de l'autre, ou les lui
pardonner ; n'être jamais ni flatteurs
dangéreux, ni lâches complaisans, ni
aveugles volontaires sur des fautes
essentielles, enfin & sur tout ne se
prévaloir d'aucune supériorité réelle,
ni de l'égalité que l'amitié établit entre deux personnes trop éloignées l'u-
ne de l'autre par le rang ou par la

naissance. Ce qui forme ordinairement les premiers nœuds de l'amitié,
c'est ou la ressemblance d'humeurs &
de caractères, ou la reconnoissance de
bienfaits reçus ou les traits d'une
phisionomie avantageuse. Mais 1°. si
l'esprit & le cœur ne sont qu'aveuglement & corruption, c'est à tort qu'on
se traite d'amis. On est coefclaves,
si j'ose me servir de ce terme, & complices de toutes ses horreurs.

2°. N'aimer que par reconnoissance, c'est être juste & non pas ami.

3°. Les yeux & tout le visage sont
ordinairement le miroir de l'ame. Cependant ils trompent quelquefois ;
c'est assez pour empêcher l'Homme
prudent de prodiguer son amitié sur
leur seul témoignage. Car s'il n'y a
rien de plus précieux dans la vie que
la véritable amitié, puisque c'est par
elle que l'Homme jouit de tous les

avantages de la société, & qu'il trouve dans un ami la consolation de ses
peines, la correction de ses défauts,
la perfection de ses vertus ; je ne connois rien de plus pernicieux que la
fausse amitié. C'est de tous les masques
dont l'Homme se sert pour arriver
sourdement & sûrement à ses fins,
celui qui déguise le mieux un mauvais
cœur, & contre lequel il n'y a point
de meilleur garant que la méfiance.
Se lier avec trop de facilité, c'est une
prodigalité de cœur, une légèreté d'inclination, & une imprudence de conduite dont on a bientôt lieu de se repentir. On voit des gens qui cherchent à se signaler dans tout ce qui
regarde ceux dont ils se disent amis ;
& cela pour faire quelque bruit dans
le monde, pour se rendre recomman-
dables par l'amitié. Demandez leur
en qualité d'amis quelque service, ils

vous feront entièrement dévoués, s'il s'agit d'une affaire d'éclat : mais éxigez-vous le secret ? vous n'éprouverez de leur part que difficultés, suivies d'un refus coloré de mille prétextes, si vous infistez. Il y a des amitiés qu'on n'entretient que pour parvenir à de plus utiles, ou à s'établir auprès des uns par les autres ; & on fait entendre adroitement qu'on a la confiance d'un prince, ou un accès facile auprès des personnes de diftinction, & cela pour avoir entrée chez un miniftre.

Il faut éprouver les gens avant de fe lier avec eux. Si vous leur découvrez que vous avez befoin de leur bourfe, de belles paroles ou de prompts effets feront la pierre de touche qui vous fera difcerner les faux amis d'avec les véritables.

Damon, et Pythias.

Ces deux amis étoient si étroitement
unis, qu'ils ne comptoient pour rien
la vie, en cas que les circonstances
exigeassent que l'un la sacrifiât pour
l'autre. L'un d'eux, condamné à mort
par Denis le tyran, obtint du tems pour
aller chez lui mettre ordre à ses affaires, laissant pour caution de son retour son ami, qui consentit à subir la
mort si le condamné manquoit à sa
parole. Tout le monde attendoit avec
impatience le jour prescrit. Il appro-
choit ; on ne revenoit point, & chacun accusoit de folie & de témérité
l'ami caution. Celui-ci disoit toujours
qu'il ne craignoit pas que son ami le
trahît, & se trahit lui-même. En effet
l'ami condamné revint au jour marqué.
Le tyran surpris d'une amitié & d'une
fidélité si rare délivra du supplice ce-

lui de ces deux amis qui devoit être mis à mort, & les pria de vouloir bien qu'il s'unît à eux comme tiers par les liens indissolubles d'une affection véritable. *Ciceron.*

I I I.

De la Passion ou du trop d'attachement d'un sexe pour l'autre.

Je ne ferai que rappeller ici en peu de mots ce que j'en ai déja dit dans plusieurs endroits de cet Ouvrage.

L'amour désordonné de l'Homme pour la femme, ou de la femme pour l'Homme, est un excès aussi injuste en lui-même que funeste dans ses suites. Un cœur passionné se repose, du moins pour un tems, dans l'objet de ses desirs ; comme dans sa fin dernière, fait son Dieu de la créature, attaque ouvertement la Divinité, semble lui contester la grandeur & l'infi-

nité de ſes perfections, ſe ſouſtrait
autant qu'il eſt en lui à ſon ſouverain
domaine, voudroit lui enlever tous
ſes droits, lui refuſe ſes hommages.
Quelle injuſtice ! Quelle fureur ! Outre
que pour arriver à ſes fins, aveuglé
par ſa paſſion, il donne le plus ſouvent dans les plus grands crimes, &
ne connoît rien de ſacré. Mais quand
il ſeroit au comble de ſes vœux par des
moyens permis & honnêtes, le dégoût
ſuit preſque toujours la poſſeſſion ; &
l'yvreſſe de ſes plaiſirs paſſés n'aura
rien été, comparée à la vivacité de
ſon repentir actuel. Si vous ſuppoſez
au contraire un cœur conſtant & ſatis-
fait de l'objet poſſédé, cet objet peut
lui être enlevé à tout moment par
mille accidens imprévus, ou par une
mort inopinée. Delà naiſſent des craintes & des perpléxités continuelles ; &
dans un cas de privation, le déſeſpoir

est sans bornes comme l'attachement a été sans mesure. Et quels châtimens alors ne doit-on pas attendre d'un Dieu jaloux de sa gloire, lorsque le jour de ses vengeances sera venu ? Pour obvier ou remédier à cet amour désordonné, il ne faut que réfléchir & fuir. La réfléxion tirera le rideau de l'apparence, derrière lequel la réalité des choses se dérobe à la vue du vulgaire ; ce sont les termes du Comte d'Oxinstirn : nous n'estimerons plus rien que selon sa juste valeur. Notre ame ne sera plus colée à la terre ; elle prendra son essor vers le Ciel ; nous rentrerons dans l'ordre, nous n'aimerons rien ici que par rapport à Dieu, & nous jouirons moins des créatures que nous ne nous en servirons pour nous élever jusqu'au Créateur..... Mais ces créatures sont pour moi autant d'enchanteresses, le pouvoir de

leurs charmes me fascine les yeux;
offusque les facultés de mon ame, &
ne me laisse ni la force ni le loisir de
réfléchir!.. Eh bien! fuyez ces syren-
nes dangereuses. C'est dans la fuite
seule que vous trouverez la victoire
& votre salut. Cet article ne regarde
que très-peu d'époux; & s'il y en a
qui s'aiment d'un amour excessif, je
ne leur conseille point de se quitter;
mais de penser souvent qu'ils se quit-
teront bien-tôt, que Dieu est la source intarissable des perfections dont ils
sont mutuellement enchantés, & qu'à
la mort ils passeront sous l'empire éternel de son amour ou de sa haine, de
ses vengeances ou de ses miséricordes.

Les Habitans des Isles Baléares.
Les femmes Gindanes.

Les anciens habitans des Isles Ba-
léares,

léares, connues aujourd'hui sous le nom de Majorque & Minorque, avoient des usages qui caractérisoient bien leur amour excessif pour les femmes. Si les Corsaires leur en enlevoient quelqu'une, ils ne faisoient aucun scrupule de donner pour sa rançon trois ou quatre hommes.... Après le festin des noces, les parens & les amis alloient trouver chacun à leur tour la mariée: l'âge décidoit de ceux qui devoient passer les premiers. Mais le mari étoit toujours le dernier à recevoir cet honneur. *Hist. univ. de Diodore de Sicile.*

✳

Les Gindanes étoient autrefois des peuples de la Lybie, dont les femmes se faisoient gloire d'avoir beaucoup d'amans, de chacun desquels elles exigeoient des franges & des rubans, pour leur servir d'ornemens & faire parade du nombre de ceux qu'elles tenoient dans leurs fers. *Herodote.*

K

Au reste il est assez inutile d'aller
chercher dans l'antiquité la plus recu-
lée, & chez les peuples les plus éloignés, de semblables exemples; tous
les tems & tous les lieux, notre siécle
& Paris sur-tout en fournissent de bien
plus remarquables.

I V.

De la foiblesse ou du trop d'indul-
gence des Pères & Mères pour
leurs Enfans, & des complai-
sances des Amis pour leurs Amis.

1°. Rien n'est moins rare que de
voir des pères & sur-tout des mères
ne point appercevoir les défauts de
leurs enfans, ou les traiter avec une
indulgence condamnable, & dont les
suites sont toujours extrêmement dangereuses. Argante m'avoit invité depuis longtems à dîner chez elle, dans
le dessein de me faire voir son fils déja

répandu dans le monde, & des belles qualités duquel elle m'avoit fouvent entretenu. Je m'y rendis enfin ;
& jugez de l'impartialité de cette bonne mère par le récit que je vais vous
faire des tons maniérés & des jolis
procédés de son fils. A peine fus - je
entré dans l'appartement d'Argante,
qu'après les premiers complimens elle
fonna, & dit qu'on fit venir Pamphile ; (c'eft le nom de ce fils accompli.)
Il arrive, non fans être annoncé dès le
bas de l'efcalier par quelque refrain du
nouvel opéra. Vous voyez Monfieur,
lui dit fa mère, il voudra bien vous recevoir au nombre de fes amis.... Parbleu
Monfieur, me dit - il, ma mère eft
une femme adorable de me procurer
l'amitié d'un auffi galant homme que
vous. Comptez entièrement fur la
mienne. Il dit, & après m'avoir tiré le
quart d'une révérence, il fe laiffe tom-

ber sur un sopha, où les jambes croi-
sées il se caresse le menton de la main
droite, tandis que la gauche me présente sous différens jours un pan de ves-
te brodée en or & d'un goût *divin.*
On servit: nous nous mîmes à table;
il en fit tous les honneurs, il blâma
tous les mets, & cependant son appétit n'en épargna aucun. Il ne demandoit rien aux domestiques qu'avec une
hauteur qu'Argante prenoit pour un
air de dignité. On parla des poëtes du
siécle: il décida sur le mérite de chacun d'eux, & ses décisions parurent à
sa mère des arrêts sans appel. Après
le dîner nous nous approchâmes d'un
balcon qui donne sur le Palais Royal.
Il lorgna toutes les jolies femmes; &
m'apprit les noms & les avantures de
plusieurs d'entr'elles. Je périssois d'ennui lorsque, par le plus grand bonheur du monde, deux de ses amis vin-

rent , & l'emmenèrent à la comédie.
Comme je me vis seul avec sa mère , &
que je prévoyois qu'elle me feroit cent
questions sur le mérite de son fils auxquelles je n'étois pas d'humeur de ré-
pondre avec politique & complaisance ,
je prétextai l'oubli d'un rendez-vous
chez un notaire pour affaire de con-
féquence , & me retirai en déplorant
plus encore l'aveuglement de la mère
que la fatuité du fils. Un fat peut ef-
fuyer une mortification qui le corrige ;
mais une mère prévenue ne verra jamais ses enfans qu'avec les mêmes yeux.
Pamphile est fui , mocqué , méprisé de
tout le monde. Voilà où l'a conduit
l'indulgence & l'aveuglement d'Argante.

2°. Il faut chercher à complaire
à tout le monde & spécialement à ses
amis. La complaisance est le nœud
d'une amitié constante ; elle rend deux

K iij

perſonnes du commerce le plus agréable & le plus ſûr : c'eſt une eſpéce
de ſimpathie qui unit étroitement deux
cœurs.

Mais c'eſt manquer aux loix de l'a-
mitié que d'avoir une complaiſance dé-
placée, de ne s'oppoſer jamais aux vo-
lontés d'un ami emporté par la violence de quelque paſſion, ou de le flatter & de l'entretenir dans toutes ſes
idées par la crainte de l'irriter & de
lui déplaire.

Oronte méditoit un enlévement, &
l'éxécution de ſon projet étoit abſolument impoſſible ſans de prompts ſecours. Il communique ſon deſſein à
Philinte ſon ami intime, & depuis l'enfance : celui-ci lui repréſente toute
la honte & tout le danger de ſon en-
trepriſe ; mais enfin il n'eut pas la force de lui refuſer ſa chaiſe de poſte &
ſa bourſe. Oronte fuit avec l'objet de

sa passion. On court inutilement après
lui. On découvre que Philinte a trem-
pé dans ce complot; il est arrêté, &
devient à juste titre la victime d'une
complaisance criminelle pour un ami
indigne de ce nom : car enfin, je l'ai
dit & je le répéte, il ne peut y avoir
de véritable amitié qu'entre les gens
vertueux.

LABAN. CATON D'UTIQUE.

Jacob, gendre de Laban, prospéra
beaucoup chez son beau-père; il devint
possesseur de grandes richesses & de
plusieurs troupeaux nombreux. Les fils
de Laban conçurent de l'envie contre
Jacob, & ils inspirèrent les mêmes
sentimens à leur père, qui eut la foiblesse, à leur sollicitation, de poursuivre l'époux de Rachel & de Lia,
comme il se retiroit vers Isaac. Le des-

fein de Laban étoit de mettre à mort
fon gendre. Mais il reçut ordre du
Seigneur de ne rien faire qui pût nuire
à Jacob. Laban s'accorda en confé-
quence avec ce faint Patriarche, &
le laiffa aller en paix dans fon pays.
Genefe.

✳

Caton d'Utique, l'un des plus grands
perfonnages qui ayent jamais éxifté
parmi les Romains pour la fageffe &
pour fon équité, pouffa la complaifance ou plûtôt la foibleffe à l'égard
de fon ami Hortenfius jufqu'à lui céder fa femme Mártia qu'il lui avoit
demandée. Hortenfius vint à mourir,
& Caton ne fit point de difficulté de
reprendre fa moitié, qui avoit été auffi
celle d'un tiers. Dans fon ménage elle
s'étoit fort enrichie, & Hortenfius lui
avoit laiffé de gros biens. Céfar prit
delà occafion de reprocher à Caton
qu'il avoit prêté fa femme pauvre, pour

la reprendre riche. Mais j'aime mieux croire César un calomniateur, que d'accuser une des plus grandes lumières de Rome, le neveu de Caton le Censeur, & l'héritier de ses vertus, d'un procédé si bas & d'une si sordide avarice. *Plutarque.*

V.

De la Haine.

Il y a des philosophes qui prétendent que l'amour & la haine ou l'inimitié ne sont à proprement parler qu'une même chose, & que toutes les passions se réduisent à l'amour. La haine du mal, disent-ils, n'est que l'amour du bien ; & cette aversion naturelle qui nous éloigne de tout ce qui pourroit nous détruire, n'est que le penchant inné qui nous entraîne vers les objets propres à la conservation de notre être. Selon eux le desir est l'a-

mour qui languit ; le plaisir, l'amour
qui posséde ; l'espérance, l'amour qui
se flatte ; le désespoir, l'amour qui
perd ; la crainte, l'amour qui fuit, &c.
Mais que l'amour & la haine ne soient
qu'une même passion dans le principe,
ou que ce soient deux sentimens essentiellement différens, la diversité de leurs
objets nous empêchera toujours de les
confondre ; ce qui nous suffit pour
en faire deux articles séparés. Il y a
deux sortes de haine; l'une de tout ce
qui peut être nuisible à notre conservation ; & l'autre de tout ce qui cho-
que notre amour propre. La première
est bonne & dans l'ordre de la nature ;
& sans elle nous serions malheureusement nécessités à souffrir tous les maux
qui nous attaqueroient, sans chercher
à les repousser, & sans espérer d'en
venir à bout. L'autre est souvent injuste & déraisonnable : nous ne jugeons

mour qui languit ; le plaisir, l'amour
qui possède ; l'espérance, l'amour qui
se flatte ; le désespoir, l'amour qui
perd ; la crainte, l'amour qui fuit, &c.
Mais que l'amour & la haine ne soient
qu'une même passion dans le principe,
ou que ce soient deux sentimens essentiellement différens, la diversité de leurs
objets nous empêchera toujours de les
confondre ; ce qui nous suffit pour
en faire deux articles séparés. Il y a
deux sortes de haine ; l'une de tout ce
qui peut être nuisible à notre conservation ; & l'autre de tout ce qui cho-
que notre amour propre. La première
est bonne & dans l'ordre de la nature ;
& sans elle nous serions malheureusement nécessités à souffrir tous les maux
qui nous attaqueroient, sans chercher
à les repousser, & sans espérer d'en
venir à bout. L'autre est souvent injuste & déraisonnable ; nous ne jugeons

une paſſion bien plus ſenſible que l'amour. L'amour ſe gliſſe, s'accroît dans l'ame par des dégrés imperceptibles, & ce n'eſt que la réfléxion ſur nous-mêmes qui nous découvre l'état de notre Cœur: mais la haîne n'eſt pas plû-tôt conçue qu'elle ſe fait vivement ſentir, & que dans un inſtant elle devient fureur. Pourquoi cela? C'eſt qu'elle nous eſt inſpirée par un objet qui ne nous touche qu'en nous bleſſant, & que la douleur eſt le ſentiment qui nous affecte le plus. Auſſi la haîne eſt-elle prompte à s'enflammer? Elle s'ir-rite & ſe nourrit des plus légères cir-conſtances, & porte l'incendie dans toutes les facultés de l'ame. Elle eſt ſi tenace *qu'il faut pour* la déraciner du Cœur réïtérer ſans relâche les efforts les plus généreux, & ſi cruelle qu'elle perſuade aux Hommes d'expoſer leurs jours pour courir à la vengeance. La

fureur

fureur des duels ne le prouve que trop évidemment. Combien font contens de périr, pourvu qu'en mourant ils goûtent le plaisir d'avoir arraché la vie à leurs ennemis. Voilà jusqu'où l'amour propre nous aveugle, nous espérons nous venger, & nous devenons les premières victimes de notre vengeance. C'est ainsi que Dieu nous punit de nos désordres par nos désordres mêmes.

La haine a été de tous les tems la source funeste des actions les plus noires, & un Cœur qui s'est une fois livré à l'inimitié, est capable des plus grands crimes. Les assassinats, les incendies, les empoisonnemens, rien ne coûte au malheureux qui ne respire que la vengeance. Ce font les inimitiés qui ont rendu des souverains de pères de leurs sujets les fléaux de la nature humaine, & qui ont armé les frères contre les frères.   L

Les Légiflateurs ont-ils donc pu porter des loix trop févéres contre la haine & fes cruels effets ? Pour fermer
toute entrée de notre Cœur à l'inimitié, 1°. il faut fe conduire à l'égard
de tout le monde avec tant de cir-
confpection, que nous n'offenfions jamais perfonne ; car nous fommes naturellement portés à haïr ceux qui ont
raifon de nous en vouloir, & dont la
préfence eft un continuel reproche de
notre injuftice.

2°. Si nous avons été offenfés, ré-
fléchiffons ou fur la légéreté de l'offen-
fe, ou fur l'occafion que nous y avons
peut-être donnée nous mêmes ; & loin
de vouloir nous venger, nous avoue-
rons fouvent que c'eft nous qui de-
vrions être punis. Mais, 3°. aucun
tort ne fut-il de notre côté ? Ayons la
générofité de pardonner : remportons
fur notre reffentiment une victoire

complette. Ne craignons point d'être
accusés de lâcheté : ce reproche ne
peut nous être fait que par des Hommes mols, effeminés & qui se sentent
incapables d'atteindre à notre grandeur d'ame. Au reste, quiconque médite de se venger est doublement injuste ; il l'est envers Dieu, à qui seul
appartient la vengeance, & dont il
veut usurper les droits ; il l'est envers
son ennemi, même agresseur, parce
qu'il portera toujours la punition au-
delà de l'offense, dont il envisage la
griéveté à travers le microscope de son
amour propre, & l'amour propre est un
bien mauvais juge. Se sent-il effleuré
par quelque parole indiscrete ou im-
prudente, il prononce à l'instant *un
arrêt de mort ; qu'elle proportion entre
le châtiment & l'offense !*

D O M I T I E N.

Domitien, douziéme Empereur Romain fils de Vespasien & frère de Titus, auquel il succéda, gouverna dans les commencemens la République avec équité, douceur & libéralité. Il abolit beaucoup d'Impôts, refusa tous les héritages qui lui étoient présentés par des personnes libres, fit construire beaucoup d'édifices publics, sans charger ses peuples, réforma les abus, & châtia avec sévérité les mauvais Juges. On se promettoit de jouir sous sa domination d'un bonheur inaltérable, lorsqu'en peu de tems il se fit chez lui un changement total; ce qui fit croire qu'il n'avoit jamais été vertueux, mais qu'il avoit emprunté le masque de toutes les vertus, pour en imposer d'abord, & se livrer ensuite à toutes sortes de vices. En effet, sa vie ne fut qu'un tissu de débauches infames & de cruautés inouies, sur-tout envers les Juifs & les Chrétiens. La crainte qu'il eût d'être détrôné par quelqu'un de la lignée de David, lui fit concevoir tant d'horreur pour toute la nation Juive, qu'il ne cessa de la persécuter, & sa haîne étoit si forte contre ceux en particulier qu'il croyoit descendre du Prophéte Roi, qu'il les faisoit mettre à mort. Il ne détesta pas moins les Chrétiens, sur qui il exerça les plus horribles cruautés : ce fut sous son régne qu'arriva la seconde persécution générale de l'Eglise, pendant laquelle l'Apôtre Saint Jean fut banni dans l'Isle de Pathmos, où il écrivit son Apocalypse. Domitien s'étant rendu odieux à tous par ses dissolutions & ses crimes, il se forma contre lui une conspiration, dans laquelle entra l'Impératrice sa femme Domicilla, dont le Maître d'Hôtel nommé Etienne, *Stéphanus*, assassina l'Empereur dans son Palais. On rapporte cet événement à l'an de grace 98. Domitien étoit alors âgé de 45 ans, & il en avoit régné 15. Après sa mort, le Senat fit abatre ses statues, & effacer les inscriptions où son nom se trouvoit, dans la vue d'abolir à jamais la mémoire d'un si méchant Prince. Mais si l'histoire a conservé à la postérité le tableau de sa vie ; c'est pour l'instruire du châtiment qu'il a subi, & perpétuer l'horreur qu'on doit avoir pour le vice & ses funestes suites. *Eusebe. P. Orose.*

V I.

De l'Apathie.

L'apathie est une certaine paralysie de Cœur qui le rend insensible ; mais il n'y a point de Cœur qui le soit à tout égard. Nous naissons tous avec un germe d'amour propre & de cupidité qui se dévelope avec l'âge, & qui jette dans l'ame des racines plus ou moins profondes. Heureux celui qui vivroit dans une indifférence totale sur les choses défendues par la loi ou dangereuses pour son repos & pour son salut. Ce ne seroit point défaut qu'une telle insensibilité. Mais il en est une que je regarde comme fort opposée aux avantages de la société. C'est l'indifférence d'Alcidor, il n'est touché ni des bonnes qualités, ni des intérêts de qui que ce soit. Présentés lui un jeune Homme bienfait, plein d'esprit, bien éduqué, de mœurs douces & pures ; priez-le de contribuer à son avancement en s'intéressant pour lui auprès de quelque Ministre, il vous le promettra & oubliera tout un instant après. Pourquoi cela ? c'est que rien ne l'affecte, que son repos &

fa tranquillité; il n'y a point au tout de lui de mobiles affez forts, de reffors affez puiffans pour vaincre la péfanteur de fon ame & l'arracher à la léthargie, où elle eft plongée. N'allez point lui proprofer la vûe d'une femme accomplie, ou le fpectacle des plus grands chefs-d'œuvres des arts libéraux. Rien ne peut l'émouvoir; il ne voit dans une belle tête que ce qu'elle a de commun avec le plus laid vifage; des yeux, un front, une bouche, &c. fans appercevoir la délicateffe des traits, la petiteffe de la bouche, la couleur & la vivacité des yeux, la fineffe & l'enfemble de toute la phifionomie.

Nos plus grands Poëtes l'ennuyent; les tableaux des Raphaëls, des Titiens ne lui paroiffent que de la toile & des couleurs, & il ne voit que du marbre dans les ftatues aufquelles il ne manque, comme on dit, que le fouffle; &

tout cela, parce qu'il est né sans goût, & qu'il passe sa vie dans une molesse continuelle. Rien encore un coup de plus contraire à la société que cette Apathie. Elle fait d'un être intelligent & raisonnable un poids entièrement inutile sur la terre. Il est vrai que Alcidor n'est point sorti de son engourdissement dans les circonstances où le plus sage auroit succombé à sa douleur, & ou le plus modéré auroit volé à la vengeance ; c'est un avantage. Mais c'est le seul que puisse enfanter son caractère, avec lequel, si quelquefois on n'est pas vicieux, on ne peut jamais être vertueux.

M. DE LA FONTAINE.

Il n'est pas possible de trouver des personnes absolument insensibles à tout ; mais on en a vues que les diffé-

L v

rens événemens de la vie n'affectoient
que très-peu. Tel étoit M. de la Fontaine. Cette apathie, si recherchée
par les anciens Philosophes, influoit
beaucoup sur toute sa conduite, & lui
donnoit de l'indifférence pour ce qui
auroit transporté de joie ou accablé
de douleur tout autre que lui.

Il eut un fils en 1660, qu'il garda
fort peu de tems. A l'âge de 14 ans,
il le mit entre les mains de M. de
Harlay, depuis premier Président, &
lui recommanda son éducation & sa
fortune. On rapporte que M. de la
Fontaine se rendit un jour dans une
maison où devoit venir son fils, qu'il
n'avoit pas vû depuis long-tems ; il
ne le reconut point, & témoigna cependant à la compagnie qu'il lui trouvoit de l'esprit & du goût. Quand on
lui eut dit que c'étoit son fils, il répondit tranquillement : ah ! j'en suis
bien aise.

Il vendoit tous les ans quelque por-
tion de ſon bien, qui ſe trouva entièrement diſſipé, autant par ſa négli-
gence que par ſa prodigalité. Il ne
paſſoit jamais de bail de maiſon, &
ne ſçavoit ce que c'étoit que de renou-
veller celui d'une ferme. Sa femme
qui ne s'entendoit pas mieux que lui
à faire valoir leurs terres, ne contri-
bua pas peu à la perte d'un patrimoi-
ne aſſez conſidérable, dont une partie
tomba par uſurpation dans des mains
étrangères. Voici de qu'elle manière
M. de la Fontaine exprime ſes re-
grets, dans ſon épitaphe qu'il fit bien
avant ſa mort.

Jean s'en alla, comme il étoit venu,
Mangea ſon fonds avec ſon revenu,
Croyant le bien, choſe peu néceſſaire:
Quant à ſon temps, ſçut bien le compaſſer;
Deux parts en fit, dont il ſouloit paſſer.

L'une à dormir, & l'autre à ne rien
faire.

Mais cette indifférence pour toute
chose, que ces vers expriment si bien, &
dont après la lecture de ses contes, on
ne l'auroit pas soupçonné, s'évanouit
dès le moment de sa conversion. Il
avoit vécu dans une grande indolence
sur l'article de la religion, comme sur
tout le reste, se laissant guider par une
simple lumière qui ne lui découvroit
que la loi naturelle. Il n'étoit ni in-
crédule ni impie, & jamais il ne cher-
cha dans des paradoxes philosophi-
ques des principes suspects pour justi-
fier sa conduite, & s'efforcer de détruire le christianisme. Il tomba malade sur la fin de l'année 1692, le Père
Pouget de l'Oratoire alla lui rendre
visite, & réussit à le convaincre de la
vérité de notre religion. Ce fut alors
que le Cœur de ce nouveau Pénitent

éprouva pour la première fois de ces mouvemens violens, qui le tirèrent de son engourdissement. Il se brisa de douleur & s'enflamma d'amour pour le Dieu des miséricordes. M. de la Fontaine vécut encore deux ans dans les éxercices d'une vie austère & véritablement chrétienne ; lorsqu'on l'ensevelit, on le trouva couvert d'un cilice.

CHAPITRE II.

I.

De la Justice.

LA Justice est la reine de toutes les vertus, elle en est aussi le lien. C'est par elle que nous ne faisons rien que d'honnête & de raisonnable, soit en public, soit en particulier, & que nous rendons à Dieu ce qui appartient à Dieu, & aux hommes, ce que nous leur

devons. C'eft par elle que nous fommes pieux envers notre créateur, bien-
faifans, à l'égard de la fociété, reconnoiffans des fervices reçus, prudens dans nos confeils, fages dans
nos démarches, modérés dans nos
defirs, courageux pour vaincre les obf-
tacles qui s'oppoferoient à l'accompliffement de nos devoirs : un homme amateur de la Juftice ne conçoit
aucun projet dont il pourroit réfulter
pour autrui le moindre dommage, &
préfére toujours l'utilité publique à
fes avantages perfonnels. Voilà une
idée de la Juftice proprement dite.
Ariftote & Cicéron la divifent en deux
branches qui font la juftice diftribu-
tive, & la juftice commutative. La
première confifte à donner à chacun
ce qui lui eft dû, refpects, amours,
honneurs, dignités, recompenfe ou
punition. La feconde à garder la foi

dans les chofes promifes & contractées.
Mais qu'il y a peu de juſtice dans le
monde, l'injuſtice au contraire n'y
régne-t-elle pas avec audace & même
avec impunité? L'eſprit d'indépendance perſuade aux inférieurs que la ſu-
bordination eſt un ſyſtême de la politique, & que pour rétablir autant
qu'il eſt en eux, parmi les hommes
l'égalité prétendue naturelle, ils ſont
en droit de refuſer des hommages à
des gens qui, felon eux, ne font devenus leurs fupérieurs que par ſtrata-
gême & par violence.

L'ingratitude aveugle les enfans au
point de ſe crojre exempts d'amour
& de reconnoiſſance envers leurs parens, qui en contractant, diſent-ils,
n'ont écouté que la voix de l'intérêt
ou les fureurs de la cupidité.

Sans doute il y a des fupérieurs qui
ne le font devenus que par force ou

par artifice, & des pères & mères qui
n'ont jamais eu d'autre vue que de
satisfaire leur passion; mais quoique
les unes & les autres soient indignes
de nos respects & de notre amour,
nous ne sommes pas moins dans l'é-
troite obligation de les honorer & de
les aimer. La loi est formelle sur ce
point. Toute puissance, toute supériorité vient d'enhaut; c'est Dieu même
que nous respectons & que nous aimons dans nos supérieurs & dans nos
parens; & si nous devons mépriser le
vice, nous ne pouvons que prier &
pleurer sur le vicieux. Mais revenons:
où est la justice dans la recherche &
dans la dispensation des honneurs &
des dignités? De vingt compétiteurs il
n'y en a souvent pas deux capables
d'occuper la place qu'ils briguent, &
cette place est rarement accordée au
mérite. Je ne parle ni des intrigues &

des baffeffes des afpirans, ni de l'avarice ou de la préoccupation des no-
minateurs. Dans les Tribunaux ne
rend-t-on aucun jugement avec acception de perfonne? Le bon droit dans
la bouche du pauvre ne perd-t-il rien
de fa force, & la puiffance ne peut-
elle pas quelquefois ce qu'elle ofe?
Par tout & en toute occafion la recompenfe ou la punition font-elles
exactement proportionnées au mérite
ou au délit?

Recompenfer modiquement, c'est
toujours, il eft vrai recompenfer;
mais punir avec rigueur, c'eft fe rendre coupable d'une injuftice criante,
Summum jus, fumma injuria.

Or, un jugement eft porté avec rigueur, lorfque le Juge fe dépouille de
tout fentiment d'humanité. Je fçais
qu'un Juge doit être infléxible, & qu'il
ne doit point écouter les prières, les

larmes & les promesses du coupable,
ni aucune sollicitation étrangère ; mais
je n'ignore pas qu'il est d'usage dans
tous les Parlemens d'invoquer la voix
de la douceur, qui, toutes les autres
étant égales, devient la prépondérante
& conclut à la peine la plus légère.

La justice commutative est encore
plus souvent blessée que la distributive.
Combien de personnes promettent sans
avoir ou le pouvoir ou le desir d'o-
bliger ? N'est-ce pas abuser les gens,
ou insulter à la position fâcheuse où
ils se trouvent ? Que de créanciers
victimes de leur confiance en de belles paroles ! Combien d'acquéreurs sont
le jouet des vendeurs, ou les dupes
des dépositaires de la bonne foi du
public. Dans le commerce on ne cherche qu'à se tromper mutuellement : le
marchand vend une chose pour l'autre, souvent à faux poids ou à fausse

mesure, rarement à juste prix : l'ache-
teur demande un crédit dont il se promet bien d'abuser : s'il donne du papier au jour de l'échéance, il diffère &
cherche à éluder le paiement : la chi-
canne ne manque point de moyens pour
embrouiller les traités les plus clairs ;
& après avoir long-tems plaidé, on
en revient enfin à un accommodement
que les frais multipliés ont rendu oné-
reux pour les deux parties. Les ban-
queroutes arrivent qui brochent sur le
tout.. Témoin de ces désordres l'Homme juste & de probité ne peut que s'é-
crier *ô tempora, ô mores !* ô tems, ô
mœurs ! Mais parlons de la probité.

CALLICRATIDAS.

Callicratidas qui commandoit la
flotte des Lacédémoniens se trouvant
sans argent, ne pouvoit acheter des

vivres pour ses Matelots. Lysandre lui fit offrir cinquante talens, à condition qu'il livreroit un de ses ennemis, pour le faire mourir. Callicratidas indigné de la proposition, congédia sur le champ ceux que Lisandre avoit envoyés vers lui. Cléandre, qui étoit présent à ce refus, dit, j'aurois reçu cette somme, si j'eusse été Callicratidas, & moi aussi, dit-il, si j'eusse été Cléandre? *Plutarque*, dans ses *Apophtegmes*.

I I.

De la Probité.

La probité que l'on peut considérer comme une branche de la justice, est l'amour de la vérité & de l'équité. La vérité est la réalité d'une chose, réalité si constante & si invariable qu'elle ne peut souffrir aucun mélange de son contraire; & l'équité est la pratique exacte de nos devoirs. Il ne faut

qu'être raifonnable pour appercevoir
le rapport intime de l'un à l'autre,
& pour découvrir les fentiers ou l'é-
quité nous invite à porter nos pas à
l'éclat du flambeau de la vérité.

Le vrai & le jufte, ou l'équitable,
déterminent le caractère de la probité, & font les régles fondamentales
de la fociété. Il n'y a point de condition qui ne doive les adopter ; point
de patriote à qui elles conviennent.
Heureufe la nation qui les goûteroit
& les confulteroit en tout. Il régne-
roit alors entre les particuliers une
harmonie qui cimenteroit la durée &
le bonheur de tout le corps, les puiffans ne le feroient que pour protéger
les foibles, & ceux-ci pénétrés de reconnoiffance ne s'appercevroient jamais du joug qu'ils portent. Tous feroient dans le devoir. Mais il y a
deux fortes de devoirs : ceux de la

nature qui font univerſels, immuables
& indiſpenſables : c'eſt la juſtice qui
les obſerve; & ceux de la convention
auxquels on ne peut ſe fouſtraire ſans
bleſſer les loix d'un état ou d'une ſociété : c'eſt la probité qui les remplit.
On ſe dit honnête homme, parce
qu'on ne treuble point la ſociété dont
on eſt membre, & qu'on ne s'écarte
point de cette maxime : gardez-vous
de faire à autrui ce que vous ne voudriez pas qu'on vous fît. On a raiſon,
ſi l'on prend le terme d'honnête homme dans le ſens reſtreint que je lui
donne ici d'après Mr. Duclos. Mais ce
feroit ſe faire illuſion que de s'en tenir à l'obéiſſance aux loix d'un état.
Les loix dit le même auteur par indulgence pour la foibleſſe & pour les
paſſions des Hommes n'ont réprimé que
ce qui attaquoit ouvertement la ſociété. En effet, euſſent-elles voulu entrer

dans le détail de tout ce qui peut la blesser indirectement, la chose eût été impossible ou dangereuse. Comment tout prévoir ? Comment tout empêcher ?

L'observation des loix positives ne fait donc pas l'entière probité si elle n'est accompagnée de la pratique de tout ce que prescrit une conscience droite & pure, qui est l'interprête sûr de la loi naturelle ou de la justice par essence. Il ne suffit pas de ne point faire le mal, il faut encore faire le bien, & le bien faire. J'ai dit qu'on étoit obligé de se soumettre aux loix du pays où l'on se trouvoit, & j'ajoûté sans préjudicier aux intérêts de la vraie religion sans laquelle la probité ne peut subsister. Comme la réligion est le premier devoir de la probité, elle en doit être aussi le premier exercice.

Mais n'allez pas par une religion mal entendue préférer les actes d'un culte extérieur aux devoirs essentiels de votre état. De quel œil croyez vous que Dieu regardât un riche prosterné aux pieds de ses autels, qui sous prétexte de s'acquitter plus promptement de l'hommage qu'il lui doit, auroit refusé ou même négligé de secourir quelqu'un dans un besoin urgent? La raison & la conscience nous disent que servir son prochain dans un tel cas, c'est quitter Dieu pour Dieu même.

Pour avoir une connoissance plus entière de la probité, disons un mot de la sincérité qui en est inséparable.

✳ ALEXANDRE SEVERE. ✳

'Alexandre Severe eut la probité si fort en recommandation, que lorsqu'un de ses soldats étoit entré dans un

un champ des ennemis, pour y causer quelque dommage, il le punissoit
aussi-tôt, & lui disoit : *voudrois-tu
qu'on fît dans ton champ ce que tu fais
dans celui d'un autre ?*

Quand il faisoit subir à un coupable
le châtiment mérité, il ordonnoit à
un Herault de publier cette belle maxime : *ne faites point à autrui, ce que
vous ne voudriez pas qu'on vous fît :*
Maxime qu'il aimoit tant, qu'il voulut qu'on l'écrivît sur toutes les portes
de son Palais, & dans l'intérieur de
ses appartemens, & qu'on l'insérât
dans les ouvrages publics. *Lamplide.*

I I I.

De la Sincérité.

Il ne faut pas confondre la sincérité avec la vérité. Celle-ci est à l'autre
ce que la cause est à l'effet, la source au ruisseau. Un homme vrai est

M

incapable du moindre déguisement. Il est sincère dans toûtes ses paroles & dans toutes ses actions. Il n'a pas besoin de prouver ce qu'il dit ; on l'en croit sur sa seule affirmation. Ses promesses passent pour des effets ; & quand il agit c'est toujours conformément à ce qu'il pense. Il n'est point de vertu plus aimable aux yeux des honnêtes gens que la sincérité, & il est certain que sans elle une société ne peut subsister long-tems. Où trouver de l'union où il n'y a point de candeur ; où le cœur n'est jamais ouvert, où les levres n'en font que des truchemens infidéles ?

Si la véritable amitié est inséparable de la vertu, elle l'est aussi de la sincérité. Car un ami cesseroit de l'être s'il cherchoit à gagner notre bienveillance par d'autre route que par celle du devoir.

Il faut craindre plus de tromper un ami que de lui déplaire. On déplaît quelquefois étant innocent : mais on ne trompe jamais sans être coupable. Le rang, la dignité, la puissance attirent des hommages de respect & de crainte ; & c'est à la sincérité seule que l'on paye un tribut volontaire d'estime & d'amitié.

Les maximes du siécle sont bien contraires à celles-ci dans le monde ; il semble qu'on ne se réunisse que pour s'immoler réciproquement à la défiance & à la contrainte : on s'accueille de la meilleure grace, & on se détes-te au fond du cœur ; on n'ose rien dire de ce qu'on fait, & on ne fait jamais ce qu'on doit : & voilà ce que l'on appelle politique. A la vérité, il est de la prudence de ne pas révéler ses desseins à tous ceux qu'on fréquen-te, de se taire souvent sur ses démar-

ches, de soupçonner la plûpart des
Hommes, de fourberie & de trahison;
mais on peut s'ouvrir aux gens avec
qui l'on s'est lié intimement après un
mur éxamen & une longue épreuve.
C'est même un devoir d'amitié de
n'avoir rien de caché pour eux.

La prudence veut encore que nous
ne disions pas tout ce que nous pensons sur les procédés que nous blâ-
mons dans les autres, lorsque les liens
de la société pourroient en être rompus, ou même que l'harmonie qui
doit y régner courroit risque d'en
être troublée, ou enfin que notre discours seroit capable de causer quelque
dommage: néanmoins il ne faut jamais qu'une basse flatterie & qu'une
lâche condescendance nous fasse trahir la vérité. Mais on peut sans y
contrevenir, ne pas dire précisément
ce qu'on prévoit qui porteroit préju-

judice à quelqu'un ; c'est une réserve
pour autrui que la raison & la religion
exigent également de chacun de nous.

Parlons présentement des vices opposés par défaut, sous quelque rapport
aux vertus dont nous avons traité jusqu'ici dans ce chapitre.

CHARIDEME.

Darius, résolu de porter la guerre
contre Alexandre dans la Cilicie, avoit
rassemblé de toutes parts une multitude presqu'innombrable de troupes ri-
chement habillées & armées. L'or,
l'argent & la pourpre, dont ses soldats étoient tout éclatant, lui firent
concevoir de hautes espérances, que
ses flatteurs ne manquerent pas de con-
firmer. S'étant tourné vers Charideme,
guerrier expérimenté, qui chassé d'A-

thênes par les ordres d'Alexandre,
s'étoit réfugié vers Darius, ce Prince
lui demanda s'il pensoit que son armée
fut en assez bon état pour vaincre
l'ennemi. Charideme lui répondit *que
tant de soldats rassemblés de toutes les
parties de l'Orient, malgré tout l'éclat
dont brilloient leurs vêtemens, & leurs
armes seroient inférieurs en forces aux
Macédoniens qui avoient appris l'Art
militaire de la pauvreté même, & qui
apporteroient au combat non de magnifiques armes, mais des cœurs intrépides.*
Il lui conseilla ensuite d'employer tout
l'or & l'argent qu'il avoit prodigué
pour l'ornement de son armée, à le-
ver des troupes chez les nations belli-
queuses. Le dernier supplice que Charideme souffrit avec constance & grandeur d'ame, fut le prix de sa since-
rité. Bientôt l'événement prouva la
solidité du conseil qu'il avoit donné à

Darius, qui se repentit de ne l'avoir pas suivi, & fit rendre à son auteur les honneurs de la sepulture. Q. Curse.

I V.

Du Mensonge.

De toutes les habitudes vicieuses, celle de mentir est sans contredit la plus indigne de l'Homme, elle le dégrade entièrement, le couvre de honte & de confusion, lui attire la haine universelle. Il y a des défauts qu'on tolère, qu'on excuse dans les autres; mais le mensonge excite dans les esprits une telle horreur qu'il efface toutes les bonnes qualités qui pourroient se trouver chez le menteur. Le monde ordinairement assez peu équitable, n'est jamais un mauvais juge à l'égard d'un menteur; il sçait lui infliger le châtiment qu'il mérite; il suffit de mentir une seule fois, pour n'être jamais cru, même quand on diroit scrupuleusement la vérité.

Rien n'est plus contraire aux intérêts & aux liens de la société que le mensonge: il tend à détruire toute amitié, tout commerce: qui osera jamais se faire un ami d'un Homme sans bonne foi, ou traiter & contracter avec lui? On ne sçait à quoi s'en tenir avec un menteur. Suivra-t-on des avis qu'on soupçonne infidèles? & risquera-t-on des démarches fausses ou dangereuses?

La bassesse du mensonge ne sçauroit mieux paroître qu'en le mettant en opposition avec le vif ressentiment d'un Homme d'honneur qu'on accuse de mentir, & avec le respect qu'il doit avoir pour sa parole; c'est avoir menti & se déshonorer, que de ne pas tenir ce qu'on a promis. Aussi les gens sages & prudens ne promettentils qu'avec réfléxion & lenteur ; perſuadés que quiconque ſe hâte de promettre ne tarde point à ſe repentir.

On ne ment pas ſeulement de paroles, mais encore d'actions. Regardés cet Homme aux cheveux gras, à la face blême & allongée, aux yeux éteints & baiſſés vers la terre. Vous le voyez dans le temple du Dieu de vérité verſer des torrens de larmes. Vous entendez ſes ſoupirs & ſes ſanglots, & vous le prenez ſans doute à ſes attitudes penchées, à ſes fréquentes proſtrations, à tout ſon extérieur pour un miroir de pénitence & de charité. Revenez de votre erreur ; c'eſt un impoſteur, & ces dehors ſi pieux, ſi ſaints ſont d'odieux menſonges par leſquels il veut tromper la piété de ce prélat, attirer ſur lui ſes regards, & ſe faire nommer à quelque bénéfice vaſant, où ſon hypocriſie ſeroit bientôt démaſquée.

L'hypocrisie est le plus détestable de tous les mensonges d'action ; mais il en est encore d'autres : toute la personne de cette vieille coquette, par exemple, ses cheveux & ses dents postiches, son fard, son rouge, & ses mouches : Ne voilà-t-il pas autant de mensonges ridicules qui lui prêtent une blancheur, un tein & des agrémens qu'elle n'a peut être jamais eus ?

Le faste des simples particuliers dans leurs ameublemens & dans leurs habits, ne semble-t-il pas nous dire qu'ils vivent au milieu de l'abondance. Mais c'est une affiche trompeuse. Beaucoup d'entre eux n'ont rien, ou doivent tout ce qu'ils ont. Les grands Seigneurs eux-mêmes n'en imposent-ils jamais au peuple par l'éclat dont ils l'éblouissent ? Leur fortune est-elle toujours supérieure, ou du moins

égale à la magnificence, & au luxe
qu'ils déployent.

Je ne dirai rien de la calomnie. Ce
n'est pas seulement un mensonge qui
mérite la haîne & le mépris de tout le
monde ; c'est un vol, c'est un assassinat
digne en lui-même du dernier supplice. Imputer à un membre de la société le mal qu'il n'a pas fait ; quelle
horreur ! & cependant la calomnie fait
moins de tort que la médisance, parce que le médisant dit vrai, & qu'il
ne peut se retracter : il est obligé lors
de la réparation d'avoir recours à des
phrases vagues, où il dit tout le bien
qu'il sçait de la personne dont il a mal
parlé, où il confesse avoir eu tort.
Mais il ne peut faire entendre que son
tort a été d'avoir blessé la vérité ; &
si l'on n'interprete pas en ce sens sa
réparation, comment l'honneur de la
personne offensée sera t-il rétabli? Rien

n'eſt égal à l'embarras où ſe trouve
un médiſant qui veut réparer. Ce qu'il
y a de ſûr, c'eſt que jamais la médiſance
ne doit ſe réparer par le menſonge.

On ſçait que depuis long-tems, il
eſt décidé que le menſonge officieux
n'eſt pas permis; par la raiſon qu'il
ne faut pas faire le plus petit mal,
en dût il réſulter le plus grand bien.

Quant au calomniateur, il doit,
ſans héſiter, avouer ſon crime, ruiner
ſa réputation pour rétablir celle qu'il
a méchamment & fauſſement attaquée.

Vous priés un ami de vous prêter de
l'argent, il vous dit qu'il n'en a point:
il en a cependant. Vous vous préſen-
tés à la porte d'un Duc, où même
d'un ſimple Bourgeois: vous demandez s'il eſt au logis, on vous répond
qu'il n'y eſt point quoiqu'il y ſoit:
ces deux réponſes ſont d'un uſage ſi
univerſellement reçu & connu, que je
n'oſerois

n'oferois pas les traiter de menfonges.

La flatterie eft encore une efpéce de menfonge ; mais elle mérite un article à part.

PYTHIUS.

Un Chevalier Romain, nommé Canius, étant allé à Syracufe pour fe livrer plus librement à l'étude des belles-lettres, voulut y acheter quelques jardins, pour s'y entretenir & s'y récréer avec fes amis, loin du fracas & du tumulte. Un banquier de cette ville, qui avoit nom Pythius, ayant appris fon deffein, lui fit dire que fes jardins n'étoient pas à vendre ; mais qu'il pouvoit y venir avec qui il voudroit, & quand il le jugeroit à propos, & l'invita à s'y rendre le lendemain pour y dîner. Canius accepta l'offre, & fur le champ Pythius fit

venir un grand nombre de pêcheurs,
à qui il donna ordre de pêcher le lendemain pendant toute la journée devant ses jardins. Canius vint à l'heure
dite : la table étoit couverte de mets
excellens, & de vins exquis. Il vit
beaucoup de barques & de pêcheurs :
ceux-ci venoient tour à tour apporter
aux pieds de Pythius les poissons qu'ils
avoient pris. Canius témoignant sa
surprise, à la vue d'une pêche si abon-
dante, le banquier lui dit que rien
ne devoit l'étonner en cela, puisque
cet endroit étoit le plus fertile en
poissons, & que les pêcheurs n'en
trouvant point ailleurs, étoient obligés d'y venir en foule : ce qui donna
une envie excessive à Canius de devenir le propriétaire de ce lieu. Pythius
feignit de ne pouvoir point s'en dé-
posséder, & résista long-tems aux instances du Chevalier Romain. Enfin il
lui vendit argent comptant ses jar-

'dins, comme à regret, & deux fois au-delà de leur valeur. Canius charmé de cette acquisition, pria ses amis de s'y rendre le lendemain. Il y vint lui-même de bonne heure ; & ne voyant ni pêcheur, ni barque, il s'informa d'un de ses voisins si c'étoit un jour de fête pour les pêcheurs, puisqu'il ne s'en trouvoit aucun devant ses jardins. Le voisin lui répondit qu'on n'avoit point coutume d'y pêcher, & qu'il avoit été fort surpris de ce qui s'étoit passé la veille. Canius comprit bien qu'il avoit été dupé : il cria beaucoup ; mais qu'auroit-il fait ? On n'avoit point encore porté de loi contre la fraude & le mensonge. *Ciceron, des Devoirs.*

<h2 style="text-align:center">V.</h2>

De la Flatterie.

Le flatteur n'est pas seulement un menteur qui dit tout ce qu'il ne croit

N ij

pas , un fourbe qui parle autrement
qu'il ne pense : mais c'est de plus un
lâche qui n'ose jamais découvrir son
sentiment , un méchant qui ne cherche qu'à perdre quiconque l'écoute ,
un impie qui encense le vice , un
traître qui abandonne les intérêts de la
vertu , & le plus grand ennemi de ceux
dont il se dit ami , puisque les entrete-
nant par mille flatteries dans leurs mauvaises habitudes , il dérobe à leurs yeux
la vue du précipice où ils courent.

Je suis moins étonné de voir des
flatteurs , que de voir des gens avaler
à longs traits le poison de la flatterie.
Les Hommes en général sont si corrompus , qu'il peut bien s'en trouver
parmi eux qui cherchent à faire des
dupes , & à se procurer une fortune
aisée , en s'insinuant par de basses complaisances & par de fades adulations
dans la bienveillance de ceux qui sont
en état de la leur faire. Mais qu'il y

en ait d'assez aveugles, pour ne pas
appercevoir des piéges si grossiers,
d'assez injustes pour croire que ce qui
seroit vice chez d'autres devient vertu
chez eux : cela passe la connoissance
que j'ai des sophismes & des ressour-
ces de l'amour propre. Il faut, pour
donner dans de pareilles erreurs, ne
jamais réfléchir ; aussi les flatteurs n'ont-
ils d'autres soins que de distraire les
grands de toute idée qui pourroit les
rappeller à eux-mêmes. Ils ne les laissent jamais dans la même situation :
à tout moment changement de scène :
c'est une vicissitude d'amusemens toujours nouveaux ou variés, afin que
ces dieux imaginaires, enveloppés
dans le bruyant tourbillon des plaisirs,
s'étourdissent sur les misères de leur
humanité réelle.

Il y a une flatterie délicate à laquelle il nous est bien plus difficile de ré-
sister qu'à des louanges outrées. C'est

une conformité d'actions avec les nôtres. A moins que nous ne tombions
dans des horreurs, nous sommes portés à croire que nous agissons bien,
lorsque ceux qui nous environnent se
modélent sur nous : & voilà le piége
le plus dangereux qu'on puisse tendre
aux souverains, & contre lequel ils
devroient se tenir le plus en garde.
Mais hélas ! sans la flatterie de parole
ou d'imitation dans les cours, un honnête homme a bien de la peine à se
soutenir. On déclame sans cesse contre la flatterie, & jamais personne ne
se fâche sérieusement contre un flatteur même reconnu pour tel ; c'est que
celui qui nous flatte, fût-ce aux dépens
de la vérité, nous rend toujours hommage. Il encense, sinon notre mérite, du moins notre fortune. S'il ne
nous estime pas, il nous appréhende
& nous sentons un plaisir secret à le
voir dépendre de nous à quelque

égard , & à le fçavoir l'efclave de fe
craintes ou de ſes eſpérances.

CANUT LE GRAND.

On raconte un trait de Canut le
Grand , qui fe fit proclamer , après la
mort d'Edmond , roi de toute l'Angleterre , dont il ne poffédoit auparavant que le royaume de Mercie , l'Eſ-
tanglie & le Northumberland ; & ce
trait devroit être continuellement pré-
fent à la penfée des Princes , pour éloigner d'eux les flatteurs , & à l'efprit
de ces derniers , pour écarter la honte
& le mépris qui peuvent à chaque inftant devenir les fuites funeftes de leurs
baffes flatteries.

Un jour que ce monarque fe prome-
noit fur le bord de la mer , plufieurs
courtifans , qui l'accompagnoient , l'é-
levoient jufqu'au ciel par leurs louanges , & ne craignoient pas de pouffer
N iv

leur adulation jusqu'à le comparer à Dieu même. Indigné de ces éloges outrés, & voulant leur faire sentir leur extravagance & leur impiété, il se fit apporter un siége, & s'étant placé sur le sable en un endroit qui devoit être bientôt couvert des flots, parce que la marée montoit, il se tourna vers la mer, & lui adressa ces paroles : *O mer, tu dépends de moi, & cette terre m'appartient je te commande de ne pas avancer d'avantage de mon côté, & de ne pas mouiller les pieds de ton maître.* Après avoir ainsi parlé, il demeura quelque tems assis au même endroit, comme s'il eût attendu que la mer exécutât ses ordres. Mais elle s'avançoit toujours ; d'où il prit occasion de remontrer à ses lâches flatteurs que le titre de maître & de seigneur n'appartient qu'à celui à qui la terre & la mer obéissent. On dit que depuis ce moment il ne voulut

plus porter la couronne, & qu'il l'a
fit mettre fur la tête d'un Crucifix dans
l'églife de Wineefter. *Rapin Thoyras.*

V I.

De l'Envie.

L'envie eft de tous les vices celui
qui trouble davantage le repos de
l'Homme. C'eft une triftefe de la
profpérité d'autrui , une douleur fe-
crette du triomphe de la vertu & du
mérite , prefque toujours accompagnées d'un défir infatiable de nuire.
Je dis prefque toujours : en effet, il
pourroit fe trouver des gens très-affli-
gés d'avoir brigué inutilement des
places , & qui feroient au défefpoir de
commettre la moindre injuftice qui ten-
dît à en dépofféder ceux qu'on leur
auroit préférés. Mais comme l'envie
ne va pas ordinairement fans maligni-
té, je ne m'arrêterai point à une ex-

ception auſſi rare. Or rien de plus malheureux, de plus injuſte, & de plus vil qu'un Homme ſujet à l'envie. Rien de plus malheureux que l'envieux, parce qu'il ne ſe paſſe point de jour qui ne lui fourniſſe un nouveau motif de chagrins, la fortune ſe plaiſant à faire ſans ceſſe de nouveaux favoris. Rien de plus injuſte que lui: pour être heureux, lui fait-on quelque tort? Rien enfin de plus vil: car ſi l'envieux s'attriſte de notre bonheur, il ſe réjouit de notre malheur; peut-on imaginer une baſſeſſe d'ame plus digne de mépris? L'envieux n'entend point les intérêts de ſon amour propre. Car envier le bonheur de quelqu'un, c'eſt ſouvent avouer qu'on n'en eſt pas digne.

L'envieux devroit être banni de la ſociété, comme un Homme qui vit avec auſſi peu de zèle pour l'utilité publique, que s'il étoit né uniquement

pour lui-même, qui ne prend aucune
part dans les affaires les plus impor-
tantes de ses concitoyens, qui est insensible aux besoins des autres; il y a
mieux : qui s'inquiéte nuit & jour
pour opposer des obstacles à leur bonheur, pour faire échouer toutes leurs
entreprises, & qui n'ouvre son ame
au plaisir que lorsqu'il voit périr son
prochain.

On peut le comparer à la pierre : la
pierre est dure & insensible; l'envieux
est infléxible & impitoyable; il ne sert
de rien à la pierre de frapper ceux
qu'elle atteint; l'envieux ne tire aucun
avantage de son envie : enfin la pierre se brise quelquefois contre ceux
qu'elle heurte; l'envieux se fait toujours plus de mal qu'il n'en cause à
ceux qu'il attaque : son envie accroît
ses peines, sans altérer la prospérité
des autres.

La médisance, la calomnie, l'imposture & la ruse sont les compagnes
inséparables de l'envie. Elle employe
aussi la flatterie ; & tandis qu'elle vous
accable de louanges & de caresses,
elle répand secrettement de faux discours contre vous, & cherche mille
souterrains pour vous perdre. Un envieux s'apperçoit-il que ses paroles
envenimées ne diminuent rien de l'estime dont on récompense votre mérite ? il fait adroitement tomber la
conversation sur les éminentes qualités de quelqu'un qui attire sur lui les
yeux de tout le monde, & il s'efforce
de donner du poids à ce qu'il a dit
contre vous, par l'éloge qu'oblique-
ment il fait d'un autre. Ce qu'il y a
de certain, c'est qu'en mettant en
avant un parallèle où vous perdez, il
réussit du moins à effacer pour l'instant, & à affoiblir pour toujours l'es-

dée qu'avoient conçue de vos vertus
ou de vos talens ceux qui l'écoutent.
Mais ne vous vengez de l'envieux &
de ses ruses, qu'en vous étudiant à
agir d'autant mieux que vous le voyez
plus souffrir de l'éclat de vos bonnes
actions.

Traitons préfentement de la fidélité, de la reconnoiffance, & de leurs
contraires.

✳ ZOÏLE. ✳

Zoïle étoit un certain sophiste de
la ville d'Amphipolis. Il vivoit du
temps de Ptolomée; à qui il dédia des
ouvrages, dans lesquels il avoit été affez ofé pour se déclarer le censeur
d'Homere; ce qui lui a fait donner
le nom d'*Homeromaftix*, c'est-à-dire,
fouet ou *fléau d'Homere*. Cet envieux,

le premier qui eût ofé attaquer un Homme à qui tous les fiécles & tous les peuples ont donné le furnom de *Divin*, fondoit fur fa feule effronterie l'efpoir d'une grande récompenfe ; mais Ptolomée le couvrit de confufion par cette réponfe : *Je fuis bien étonné de ce qu'étant plus fçavant qu'Homere, vous languiffiez dans l'indigence, lorf- que ce même Homere nourrit depuis tant de fiécles un fi grand nombre d'Hommes.* Au refte, perfonne n'ignore qu'on donne le nom de cet imprudent à tous ceux qui font poffédés, comme il l'a été, des noires fureurs de l'en- vie. *Ovide.*

VII.

De la Fidélité.

Chez les écrivains anciens & mo- dernes, il n'y a point de vertu plus magnifiquement préconifée, & dont la pratique foit plus vivement recom-

mandée que la fidélité. Tous lui donnent les titres glorieux de lien indisso-
luble de l'amitié , de rempart iné-
branlable de la société , de sûr garant
des conventions mutuelles des Hommes. Et en effet , enfreindre cette
vertu , c'est manquer à tous ses devoirs. La fidélité est la sûreté d'un secret ou d'une promesse : révéler l'un ,
& ne pas tenir l'autre, c'est rompre
toute liaison avec un ami. Elle est ,
sous le nom de foi publique , la dépo-
sitaire des droits réciproques des nations , & des citoyens : & violer ces
droits sacrés, c'est travailler à la ruine des états , & à la perte des particuliers. On pourroit alléguer qu'on est
quelquefois contraint de le faire. Mais
cette prétendue nécessité n'est qu'une
excuse frivole , & s'il étoit permis de
s'en servir, il ne le seroit plus , en
consultant les loix de la prudence , de

se fier à qui que ce soit. Les négocia-
tions publiques ou privées, de guerre
ou de paix, les tréves, les accords,
les traités sont fondés sur quelque utilité présumée pour les parties contrac-
tantes. Si cette préfomption, suffisan-
te pour les conclure, suffifoit auffi
pour les rompre, on ne manqueroit
point d'en colorer la rupture à la
moindre vue d'intérêt, à la plus légère idée de léfion. Alors la voie feroit
ouverte aux fubterfuges & à l'iniqui-
té, & la fidélité n'étant plus inviola-
ble, elle cefferoit d'être le fondement
de toute juftice. Mais, me direz-vous,
fi j'ai promis ou contracté à mon dé-
favantage; dois-je m'en tenir-là ? Oui
fans doute, fi vous l'avez fait librement & volontairement, fans avoir
été induit en erreur. Si au contraire
vous avez de juftes raifons de vous
dédire de votre parole, ou d'annuller

le traité que vous avez fait, ne soyez
point juge dans votre propre cause ;
il y a des arbitres & des tribunaux.
Si vous avez promis ou juré même
avec serment, ou que vous soyez engagé par écrit, à commettre une mauvaise action, vous avez fait une faute,
& vous en feriez deux, si vous teniez
parole.

Il faut être fidéle à Dieu ; le devoir,
la reconnoissance, tout nous y oblige : aux Hommes, la probité l'éxige :
à nous-mêmes, notre intérêt & la
justice le requièrent.

L'Homme fidéle l'est dans les plus
petites choses comme dans les plus
grandes, persuadé que c'est quelque
chose de grand que d'être fidéle dans
ce qui paroît petit & de légère con-
séquence.

La fidélité d'un sujet à l'égard de
son roi consiste à obéir à ses ordres

avec refpect & avec exactitude, en ne
les fuppofant point contraires aux loix
de Dieu.

Un roi eft le père de la patrie ; il
veille continuellement fur fon royaume ; il empêche que des ennemis do-
meftiques ou étrangers n'en troublent
le repos. L'intérêt légitime des particuliers fe trouve toujours dans l'intérêt général de l'état ; ce feroit vouloir
le perdre que de chercher à les divi-
fer : ce qui au refte ne feroit pas
moins fort qu'injufte, eu égard à l'efpéce de toute-puiffance des rois. Pour
un Cromwel, que l'on a vu jouir du
fruit de fa perfidie pendant tout le
cours de fa vie, aux remords de fa
confcience près ; combien d'entrepri-
fes attentatoires au pouvoir fouverain
ont été punies avec autant de févérité que de juftice ? Non-feulement un
fujet fidéle, un bon citoyen, ne doit

conspirer en rien contre son roi, ni
contre sa patrie; mais il est encore
indispensablement obligé de révéler
les conjurations dont il pourroit avoir
connoissance : ce seroit s'en rendre
complice que d'en garder le secret.
D'ailleurs ces sortes de révélations
préviennent toujours de grands malheurs , & sauvent la vie à bien du
monde, en la faisant perdre à quelques séditieux.

REGULUS.

Dans la première guerre que les
Romains eurent avec les Carthaginois,
M. Attilius-Regulus , consul, fut pris
par les ennemis , & envoyé à Rome
pour proposer au sénat qu'on rendît
aux Carthaginois plusieurs capitaines
que les Romains avoient faits prison-

niers. On avoit exigé de lui sur la foi
du serment qu'il reviendroit à Carthage, si le sénat refusoit la proposition. Régulus arrivé à Rome exposa
aux Sénateurs la volonté des Carthaginois. On délibéra, on recueillit les
sentimens; & sur ce qu'il refusa d'a-
bord de parler, alléguant qu'étant tombé en la puissance des ennemis il n'é-
toit plus Sénateur, on lui ordonna de
déclarer quel parti il croyoit qu'il étoit
plus avantageux de prendre. Alors il
conseilla de retenir les prisonniers
Carthaginois, parce qu'ils étoient jeunes & braves, & que lui, qui devoit
en être l'échange, étoit déja cassé de
vieillesse. Son avis fut suivi, & il retourna à Carthage, où il s'attendoit
bien qu'on lui feroit souffrir les plus
cruels tourmens, aimant mieux subir
une mort glorieuse, que de déshonorer par une infidélité le reste d'une

vie jufqu'alors irréprochable. *Cicéron.*

VIII.

De la Perfidie.

Au feul nom de perfidie, croiroit-
on que ce vice ait eu fes panégyriftes
& fes docteurs? Machiavel cependant
ne ceffe de le préconifer, lorfqu'il
donne aux rois des leçons de politique, & qu'il tâche de leur faire entendre que pour fe conferver, & s'ag-
grandir, tout leur eft permis; & que
ce qui feroit diffimulation, fourberie,
trahifon chez de fimples particuliers
n'eft chez eux que prudence, adreffe,
fage précaution. Si par impoffible,
Dieu étoit capable de nous tromper,
de nous trahir, de manquer à fes pro-
meffes, ne cefferoit-il pas d'être Dieu?
Comment donc les rois, qui appro-
chent le plus de fon image, pour-
roient-ils fans injuftice fe livrer aux

vices qu'il a le plus en horreur?

La perfidie a toujours été détestée de toutes les nations, comme une infidélité préméditée, une imposture atroce, une lésion totale des droits divins & humains, & un mépris insigne de la religion & de la probité, dont souvent elle emprunte le voile pour cacher ses desseins, & porter des coups d'autant plus dangereux qu'il est moins possible de les prévoir.

On aime les fruits de la trahison; mais on a en horreur & la trahison & le traître.

Lasthene, citoyen de la ville d'Olinthe, aida Philippe roi de Macédoine à s'en emparer; & se plaignant un jour à ce prince de ce qu'on l'appelloit traître: les Macédoniens, lui répondit Philippe, sont des gens naturellement grossiers, qui nomment toutes choses par leurs noms.

La perfidie est un monstre dans un état : plus il se déguise, plus il est à craindre. Il est capable de toutes sortes de crimes : le parjure ne lui coûte rien ; la cruauté lui est familière : les prétextes ne lui manquent jamais. Il ne connoît rien de sacré : il immolera à son ambition, à son avarice, à ses débauches, l'honneur, la réputation, la vie de ses concitoyens, celle de son prince même s'il est en son pouvoir de la lui ôter. Mais il y a une providence particulière de Dieu qui permet rarement le succès d'une perfidie, ou qui ne tarde pas à tirer une vengeance éclatante de son auteur.

N'est-ce pas le bras même du Très-Haut qui arrêta il y a quelques années les funestes effets de la plus noire perfidie, tramée contre les Maithois par des Turcs, qu'ils regardoient plûtôt comme leurs domestiques que comme leurs esclaves ?

Les païens étoient si persuadés que les Dieux ne pouvoient pas laisser une trahison impunie, que Thissaphernes, lieutenant général des armées du roi de Perse, ayant rompu une trève qu'il avoit faite avec les Grecs ; ceux-ci le remercièrent par son hérault même de ce qu'il avoit mis les Dieux du parti de la Grece, en violant une foi jurée en leur nom.

La perfidie emprunte quelquefois les traits de la calomnie ; & l'innocent qui en est frappé perd l'estime publique, survit à sa réputation, sent tout son mal : mais comme il n'en connoît point l'auteur, il passe le reste de ses jours à déplorer son infortune, & à se plaindre amèrement de l'arrêt que le public faussement prévenu porte contre lui. Il n'y a qu'une vive confiance en Dieu qui puisse l'empêcher de tomber dans l'abattement &

le défespoir ; & souvent Dieu n'attend pas le jour de la révélation pour faire briller dans toute sa splendeur l'innocence auparavant méconnue & flétrie.

Il y auroit un moyen sûr d'anéantir la calomnie, ce seroit de témoigner de l'horreur, ou même de l'indifférence pour le calomniateur. Il ne prendroit pas tant de plaisir à accommoder ses railleries à notre goût, à leur donner un tour & une cadence propres à flatter l'oreille si agréablement, qu'elles parviennent aisément à l'esprit, plus disposé alors à les approuver ; il auroit plus de respect, plus de reserve dans les cercles où il se trouveroit, & dont il se retireroit confus, ou peut-être contrit, dès qu'il voudroit attaquer la réputation de quelqu'un : & par ce moyen on sauveroit tout, & l'honneur du calomnié &

la conscience du calomniateur. Un
Homme qui écoute tranquillement une
calomnie, est le receleur du vol qu'on
fait à la réputation du prochain. Dire
une calomnie, c'est une perfidie ; la
laisser dire, c'est une foiblesse ; ne la
pas contredire, c'est une lâcheté : ce
n'est pas seulement à la calomnie,
mais encore à la médisance & à tout
propos désavantageux pour le prochain,
qu'il faut fermer l'oreille. Mais hélas !
il n'y a point de précepte plus souvent
violé que celui-ci. Si dans une compagnie on vient à parler mal de quelqu'un, la conversation pendant des heu-
res entières ne roule sur aucun autre sujet, & lorsqu'un honnête homme commence un discours à la louange d'un
autre, le silence & l'ennui s'emparent
aussi-tôt de toute l'assemblée.

Au reste, ce n'est pas médire d'un
méchant, que d'avertir une société de

n'avoir avec lui ni liaison ni commerce : encore ne faut-il pas entrer dans le détail de ses méchancetés. Les avis d'un honnête homme doivent être écoutés ; & sa probité reconnue est la plus forte preuve de ce qu'il avance.

✳

LES ROMAINS.

✳

Les Romains, sous la conduite de Camille, assiégeoient depuis long-tems une * ville des Falisques, anciens peuples de la Toscane. Un maître d'école de cette ville, qui enseignoit les enfans des principaux habitans, sortit dans la campagne avec ses élèves, sous prétexte de leur faire prendre quelque récréation : ce qui étoit alors autorisé même en temps de guerre. Le maître s'éloigna avec eux des portes

* Cette ville s'appelle en latin, *Falerii.*

de la ville, & arriva au camp des Romains. Il se présenta devant le général, entre les mains duquel il mit toute la florissante jeunesse qui étoit confiée à ses soins, se faisant un mérite auprès de Camille de lui livrer des jeunes gens qui deviendroient peut-être un jour les plus redoutables ennemis du nom toscan. Mais Camille indigné de cette perfidie, le fit reconduire à la ville d'où il étoit, pieds & mains liées, & donna aux écoliers des baguettes pour frapper le long du chemin les épaules nues de ce traître. Les Falisques pleins d'admiration pour la générosité de Camille, demandèrent aussi-tôt la paix, & se firent un devoir de reconnoissance de vivre sous la domination d'un peuple aussi juste que vaillant. *Tite-Live.*

I X.

De la Reconnoissance.

La reconnoissance est un souvenir toujours récent d'un bienfait, & une résolution sincère & efficace dans l'occasion de faire tout ce qu'on pourra pour obliger à son tour. Les trois graces en étoient chez les Païens le simbole ou l'emblême. 1°. Leur nom signifie *remercimens* ; or les remercimens sont des signes de reconnoissance. 2°. Elles sont au nombre de trois, pour marquer que la reconnoissance doit être triple, à proportion du service reçu, c'est-à-dire, qu'il ne faut pas craindre de la porter au-delà de ce que mérite le bienfait. 3°. On les représente nues, pour faire voir qu'un cœur vraiment reconnoissant est toujours sincère & sans fard. 4°. On les dit vierges & jeunes, pour signifier

que la reconnoiſſance doit être inaltérable, & que le bienfait doit ſe con-
ſerver dans une mémoire toujours frai-
che. 5°. On leur donne un viſage
doux & riant, pour faire entendre la
joie dont on doit être pénétré lorſqu'on a occaſion de reconnoître par
des effets les ſervices qu'on a reçus.
Enfin on les peint ſe tenant par la
main ; & cela ne veut rien dire autre
choſe, ſinon que le bienfait & la reconnoiſſance doivent être inſéparables.

Si le bienfait d'un cœur généreux
& la reconnoiſſance d'une ame ſincè-
re étoient peſés exactement, on les
verroit dans un équilibre parfait. Ainſi celui qui oblige ne doit point en
tirer vanité, ou nous faire ſentir le
poids de notre obligation; autrement
il ſemble nous diſpenſer de la reconnoiſſance; & celui qui veut reconnoître un bienfait, ne doit point s'imagi-

ner l'avoir assez reconnu ; ce seroit
risquer de tomber dans l'ingratitude.

La reconnoissance, fondée dans son
principe sur les loix de l'équité, doit
être active & prompte dans ses effets.
Comme c'est la plus noble recompense du bienfait, trop de délai pourroit
en priver le bienfaiteur, ou surpris
par la mort, ou éloigné par quelque
accident imprévu de celui qu'il a obligé, & qui seroit dans l'impossibilité
de sçavoir où le trouver.

Rien ne resserre d'avantage les nœuds
de la société, & n'excite plus vivement les Hommes à se donner des secours mutuels, que la reconnoissance.
Je sçais qu'en obligeant on ne doit
pas se la proposer pour fin, que la
secrette satisfaction de remplir son
devoir doit tenir ici bas lieu de recompense : mais l'Homme est Homme ;
le zèle se ralentit dans son cœur,

quand il fçait qu'il ne travaille que
pour des ingrats. Et d'ailleurs n'y a-t-il
jamais d'occafion, où il foit de la
juftice de punir l'ingratitude ? La reconnoiffance au contraire engage le
bienfaiteur par honneur, autant qu'il
peut l'être par devoir, à rendre encore des fervices plus importans.

Si nous fommes obligés envers les
Hommes qui nous font du bien, combien plus & à combien plus de titres
devons-nous être reconnoiffans à l'é-
gard de Dieu, de qui nous tenons tout
ce que nous avons & tout ce que
nous fommes ! .... Voyez l'art. Piété,
première partie.

***

C é s a r   A u g u s t e.

*

César Augufte ne defiroit rien tant
que de paroître reconnoiffant & ma-

gnifique envers ceux qui l'avoient servi. Un jour un soldat vétéran, cité en
justice, & craignant de perdre sa cause,
pria Auguste de lui prêter son secours. Auguste lui donna un avocat,
à qui il le recommanda. Mais le soldat
s'écria à haute voix : *César , lorsqu'à
la bataille d'Actium tu courois tant de
risque , je n'ai mis personne à ma place ;
j'ai combattu moi-même pour tes intérêts :*
& en prononçant ces paroles, il mon-
tra les cicatrices dont il étoit couvert.
Auguste rougit , & se chargea lui-même
de défendre la cause de ce soldat.
Macrobe.

X.

De l'Ingratitude.

A considérer la rareté des gens qui
aiment à obliger , le nombre des ingrats est fort petit. Il y a cependant
des ingrats , & , je le dirai à la honte

de la nature humaine, presqu'autant
que de bienfaiteurs. Mais distinguons
en de trois sortes. Les premiers sont
ceux qui ne peuvent plus soutenir la
présence des personnes de qui ils ont
reçu quelque service: il y a chez eux
plus d'orgueil que d'ingratitude ; &
leur mauvaise honte les rend plûtôt
dignes de compassion que de colère.
Les seconds sont des méchans, qui
pouvant user de retour laissent leurs
bienfaiteurs dans l'embarras d'affaires
fâcheuses, ou dans le feu des besoins
urgens, & leur refusent tout secours.
Ils mériteroient d'être bannis de toute société. Les derniers sont des mons-
tres dignes du dernier supplice, qui
rendent le mal pour le bien, qui se
servent contre nous des bienfaits dont
nous les avons comblés. Hélas ! voilà ce que nous sommes tous à l'égard
de Dieu, notre créateur, notre con-
servateur, notre rédempteur !

L'amour propre (comprenez toujours suivant nos principes un amour
propre mal entendu) est la source de
toute espéce d'ingratitude. On n'aime
point à dépendre : tout ce qu'on appelle devoir, moleste. Un bienfaiteur
est un créancier que l'on craint ; &
le bienfait reçu, de rose qu'il étoit
en passant dans les mains de l'ingrat,
est devenu une chaîne dont il ne peut
qu'avec peine supporter le poids. Cet
état lui paroît si incommode, que l'envie d'en sortir le dispose peu-à-peu à
se mettre au-dessus de toute obligation ;
& sans la crainte de ruiner ses nouvelles
espérances, son ingratitude paroîtroit
sans doute à la première occasion.
Mais il a des ménagemens à garder,
voilà ce qui l'engage à publier hautement des générosités qui le déchi-
rent & l'accablent dans le secret. Trouve-t-il ailleurs que chez son ancien

bienfaiteur un plus grand avantage, il change tout-à-coup, & va droit où son intérêt l'appelle ; & s'il conserve quelque chose de ses premiers égards, purement extérieurs ; c'est afin qu'on ne lui donne point dans le monde un nom qu'il sent bien mériter à tant de titres.

Dracon, législateur chez les Athéniens, vouloit qu'on punît de mort les ingrats. Je serois volontiers un autre Dracon, pour ceux de la troisiéme espéce suivant la distinction apportée ci-dessus. Mais du moins il seroit à souhaiter que toutes les nations établissent des loix qui exclussent de la société les ingrats de toute nature, puisque rien n'est plus opposé à l'union & au bonheur des Hommes que l'ingratitude. En effet, d'où naissent les dissentions au sein des familles, & les guerres entre les souve-

rains,

rains ? Souvent de l'ingratitude : fi l'on éxamine les chofes de près, les fils manquent de reconnoiffance pour leurs pères, & les frères fe difpenfent fans peine de l'obligation réfpective due à des bienfaits réciproques. Un roi ne fera-t-il pas naturellement courroucé contre un autre fouverain, à qui il aura envoyé des troupes auxiliaires pour foutenir & augmenter fes forces, & qui lui en refufera dans un occafion preffante ? Au refte, on ne doit jamais rendre de fervices, ni témoigner fa reconnoiffance, qu'en agiffant toujours fuivant la raifon & l'équité.

Si l'ingratitude caufe des malheurs, l'ingrat eft malheureux lui-même : toujours mécontent de fa condition préfente, il ne fait que fe plaindre & fe confumer d'ennui ; c'eft ce que Pithagore appelle dévorer fon cœur, & deffécher fon ame.　　P

Eſtimons tout bienfait plus grand qu'il ne paroît, ou qu'il n'eſt effectivement ; & ſi un bienfaiteur vient à avoir quelque tort avec nous, gravons, contre ce qu'on a coutume de faire, les injures ſur l'onde & les bienfaits ſur l'airain ; & nous éviterons les reproches dus à un ingrat, qu'on peut regarder comme un abrégé de toutes les baſſeſſes, & la plus indigne de toutes les créatures. Les anciens Romains avoient une ſi grande horreur de l'ingratitude, qu'ils ne croyoient pas pouvoir traiter quelqu'un avec plus de mépris & d'indignation qu'en l'appellant ingrat.

Il y a des gens qui ayant été une fois payés d'ingratitude, ne veulent plus obliger perſonne ; c'eſt une injuſtice condamnable. L'ingratitude d'un mal-honnête homme ne doit jamais faire tort aux beſoins réels de

quelqu'un, dont on ne connoît pas
encore les véritables sentimens.

***

JUSTINIEN I.

***

Cet empereur eut pour général
d'armée le fameux Bélisaire, qui vain-
quit les Perses en Orient, les Goths
en Italie, les Wandales en Afrique, &
les Huns en Thrace. La valeur & les
exploits de ce grand capitaine excitè-
rent l'envie de ses ennemis, qui rendirent sa puissance & sa fidélité sus-
pectes à Justinien : & ce prince lui
fit arracher les yeux, en présence de
Philipes d'Espinosa, homme grand
par la naissance, duquel sont descen-
dus * ceux qui de ce nom ont bien
voulu franciser le leur. Bélisaire,
pour se venger de l'ingratitude dé

* Selon l'Histoire.

l'empereur, se retira dans une petite cabane près de Rome, & là demandoit aux passants l'aumône en ces termes : *Donnez une obole au pauvre Bélisaire, qu'aucune faute personnelle, mais l'envie seule a rendu aveugle, que la vertu avoit élevé, & que la fortune a rabaissé.*

Alexandre d'Alexandrie. Procope.

CHAPITRE III.

I.

De la Bienfaisance.

LA bienfaisance, la bonté, ou le bon Cœur, (car ce sont autant de termes synonimes,) voilà la source de la plus pure félicité dont on puisse jouir ici bas, & le plus sûr gage de l'immortalité bienheureuse. Etre sensible aux malheurs de son prochain,

l'aider de tout son pouvoir, compatir
à ses peines, lorsqu'on est dans l'impuissance de le soulager, se réjouir ou
pleurer avec lui ; c'est là remplir les
devoirs de l'humanité, concourir au
bien-être du corps dont on est membre, & se procurer une satisfaction
intérieure, bien au-dessus des joies
bruyantes & tumultueuses après lesquelles les mondains soupirent avec
tant d'ardeur. La bienfaisance nous
attire l'estime de tout le monde, &
l'amour des honnêtes gens, que nous
comblons de nos bienfaits ; notre nom
est en bénédiction sur la terre ; & si
trop bornés dans nos facultés ou dans
notre crédit, nous sommes contraints
de nous en tenir à la bienveillance,
l'indigent ou l'opprimé, que nous ne
pouvons tirer d'un état fâcheux, se
retire consolé de notre accueil &
sans murmurer. Que les grands & les

riches font heureux de pouvoir faire
des heureux , & approcher ainfi de
plus près du Père célefte, ce grand
modéle de perfection & de bonté qui
nous eft propofé par Jésus-Christ
même !

Dans la difpenfation de fes bienfaits, il faut ufer de prudence & de
juftice. Mais ce feroit pécher contre
ces deux vertus , que d'exclure les
méchans de toute participation aux
faveurs qu'on diftribue. Ils font à
craindre ; & comme Hommes ils tiennent encore par quelque lien à la fociété des Hommes. Dieu même fait
luire fon foleil fur eux & fur les gens
de bien indiftinctement.

Il ne fuffit pas de faire du bien à
fes frères, il faut leur en faire avec
affabilité , avec promptitude & fans
aucune vue d'intérêt temporel. Que
penfer de ce richard du fiécle, qui ne

donne jamais en s'attendriſſant ſur l'é-
tat du malheureux ; dont au contraire
le regard dur & les paroles hautaines
ajoûtent encore un nouveau poids à
l'oppreſſion de l'orphelin & de la veuve, par la honte dont il couvre leur
front ! Eſt - ce être bienfaiſant, que
d'empoiſonner le bienfait, & de faire
boire juſqu'à la lie le calice de la plus
vive amertume ? N'eſt - ce pas plûtôt
être méchant & cruel ? On doit obliger
promptement : un ſervice attendu
trop long-tems ceſſe de l'être. Il a été
promis ; c'eſt donc une dette, dont il
eſt juſte de s'acquitter au plûtôt.
Quand celui qui donne ou qui oblige
le fait dans l'eſpoir du retour, dans
quelque vue d'intérêt temporel ou de
vaine gloire, il ne mérite pas le nom
de bienfaiteur, mais celui d'uſurier :
ainſi nous devons oublier, ou du moins
taire les ſervices que nous rendons ;

P iv

& n'en attendre aucune récompenſe
que pour l'éternité. Or pour la mériter cette récompenſe ſi deſirable, il
faut que notre bienfaiſance ne ſoit pas
purement naturelle ; elle ne différe-
roit en rien de celle des païens ; mais
elle doit être animée du principe de
la charité divine. Les largeſſes faites
au nom de J e s u s-C h r i s t aux indigens, ſont un tréſor dont Dieu même s'eſt chargé d'être le dépoſitaire,
& qu'il a promis de rendre au cen-
tuple dans le ſéjour de l'immortalité.
Nous en retirons même dans ce monde des intérêts bien précieux, les
vœux & les prières de ceux que nous
ſoulageons dans leurs beſoins : enſor-
te qu'il eſt vrai de dire que ce que
nous donnons ne ceſſe jamais d'être
à nous.

✠
TITUS.
✠

Cet empereur romain étoit naturellement fi bienfaifant, & en donnoit
des preuves fi fréquentes, qu'il fut ap-
pellé *l'amour & les délices du genre hu-*
main. Perfonne n'éprouvoit jamais de
refus de fa part. Auffi avoit-il coutume de dire *qu'il ne convenoit pas que*
quelqu'un fe retirât trifte & mécontent
auprès d'un prince. Entre les traits fans
nombre de fa bienveillance, qu'il nous
fuffife d'en remarquer un des plus mé-
morables. La pefte & l'incendie avoient
ruiné & défolé la ville de Rome. Sen-
fible aux malheurs de fes fujets, dont
il fe regardoit plûtôt le père que le
fouverain, Titus fit rebâtir de fes re-
venus les maifons brulées, & ordon-

P v

na qu'on pansât à fes frais les bleffés,
& qu'on enfevelît les morts, *Orof.* &
Artinque.

I I.

De la Clémence.

Le pardon des ennemis eft ce qu'on
entend ordinairement par la clémence. J'en parlerai ci-après fous le nom
de *générofité.* Je prends ici la clémence pour cette bonté de l'ame qui
fait qu'on ne fe porte à la févérité
contre un coupable qu'à regret, & pour
ne point manquer au devoir.

C'eft cette manfuétude qui répri-
mera en nous ces mouvemens de colère, ces faillies d'humeur, qui n'ac-
compagnent que trop fouvent les châtimens que nous faifons fubir à ceux
qui ont mérité, je le veux, d'être punis ; mais qui à tort le font doublement, & par la peine foufferte, & par

la manière dont elle leur eſt infligée.
C'eſt cette douceur de caractère qui
conſerve en nous le ſang froid & la
tranquillité d'eſprit , abſolument né-
ceſſaires pour voir les choſes comme
elles ſont ; & qui modérant l'impreſ-
ſion qu'elles pourroient faire ſur nous
au premier abord , nous empêche de
nous prévenir , & nous laiſſe la liberté d'entendre en chaque circonſtance
la voix diſtincte de la raiſon. C'eſt
par la clémence enfin que nous nous
inſinuons dans l'eſprit & dans le cœur
de ceux qui ſe ſont écartés de leurs
devoirs , & que nous les ramenons
inſenſiblement dans les voies de la
juſtice & de l'ordre. Elle eſt donc eſ-
ſentiellement requiſe au bonheur de la
ſociété. En effet, elle en raſſemble les
membres égarés. Elle éloigne les
troubles qui pourroient ſurvenir dans
le commerce de la vie, puiſqu'elle ſe

permet pas que les esprits se rébellent,
& que les cœurs s'aigrissent : ce qui ne
tarderoit pas à se faire, si on se trai-
toit sans indulgence. Nous sommes
tous vicieux : le meilleur de nous est
celui qui a le moins de défauts. Il est
donc d'une obligation juste & raisonnable de nous supporter réciproquement, & de ne jamais punir que malgré nous, & que pour le bien particulier du coupable, & l'intérêt général de la société. Or en ne perdant
pas de vue ce double motif, on ne
risquera pas de transgresser les loix de
la clémence. Cette même vertu fait
tout le charme de l'amitié, & en resserre
les nœuds : si je veux que mon ami me
passe ma loupe, je ne dois point m'of-
fenser des taches de son visage, suivant l'expression d'Horace.

Il faut cependant prendre garde que
la clémence ou l'indulgence ne dégé-

nère en lâche complaifance ; & la
manfuétude en une douceur cruelle
pour le particulier, & en une vicieufe
indifférence pour l'ordre & pour le
repos de la fociété. Ce feroit avoir
une bonté fauffe & mal entendue,
dont on auroit tôt ou tard lieu de fe
repentir.

Il faut aimer & fupporter les Hommes ; ils font nos frères, & leurs
mœurs font les nôtres. Mais il eft des
circonftances où l'on doit ufer avec
eux de févérité: c'eft ce dont nous allons dire deux mots.

✳
AUGUSTE.
✳

Augufte, empereur romain, fils
d'Octave préteur, & d'Accia, arrière-
neveu de Jules-Céfar, & fon fils adop-
tif, donna un trait de clémence d'au-

tant plus admirable en lui, que personne n'ignore les cruautés inouies
qu'il exerça pendant son triamvirat
avec Antoine & Lépide. Cinna, non
ce fameux capitaine romain qui se
joignit avec Marius & les esclaves fu-
gitifs, & commit tant de meurtres
dans la ville de Rome; mais un autre
Cinna, dit Lucius-Cornelius, malgré
les obligations qu'il avoit à Octave-
César des honneurs où il étoit élevé,
& même de la vie que cet empereur
lui avoit sauvée, conspira contre lui.
Auguste, par le conseil de sa femme
Livia, se contenta de lui reprocher son
ingratitude, lui accorda le consulat,
& le mit au nombre de ses plus chers
favoris. Cinna vaincu par un procédé
si généreux, resta toujours fidéle à
Auguste, à qui en mourant il laissa
tous ses biens par testament. *Plutarque*

III.

De la Sévérité.

Il ne faut pas confondre la sévérité
avec la rigueur. Celle-ci éloignée de
toute humanité, comme je l'ai obser-
vé ci-dessus, risque toujours de porter
le châtiment au-delà de l'offense ; &
c'est un vice : la sévérité ne relâche rien
des peines que l'on mérite. C'est quelquefois une vertu, dont l'excès dégé-
néreroit en rigueur : ce seroit non-seulement un défaut de clémence, mais
une injustice réelle.

Une légère faute est pardonnable.
Une rechute doit être légèrement pu-
nie : une seconde, une troisième réci-
dive doit l'être avec sévérité, sur-tout
si la matière est grave, parce qu'il est
à craindre que l'habitude du vice
ne se forme dans l'ame, & n'y jette
enfin des racines qu'on ne puisse plus

extirper. Or s'opposer à des suites ſi
funeſtes , c'eſt conſulter les intérêts
du particulier & de la ſociété. C'eſt
écraſer le vice , c'eſt faire triompher
la vertu , c'eſt être vertueux. La ſévé-
rité convient plus ſpécialement aux
rois , & aux perſonnes qui ſous leur
autorité ont en main les rênes des
états. Il faut qu'ils ayent de la clémence , & jamais cette vertu n'eſt
plus brillante & plus aimable que chez
eux ; il ſemble que ſi elle eſt l'ornement de la couronne & du miniſtère ,
elle en reçoit auſſi un nouveau luſtre.
Mais ſi dans un prince elle ne laiſſoit
plus de place aux autres vertus , loin
d'en être une , elle ſeroit l'extinction
de toutes , & une diſpoſition ſi dom-
mageable à ſes états qu'elle en cauſe-
roit bientôt la ruine. Ce ſeroit alors
ignorer l'utilité & la néceſſité de la
juſtice , & d'une juſtice ſévère ſuivant

les circonstances , fans laquelle les
empires ne peuvent fubfifter. Si les
rois ou les dépofitaires de leur puiffance ne puniffoient ces fcélérats coupables de crimes inouïs , autant qu'ils
méritent de l'être , n'y auroit-il pas
lieu de craindre que les méchans qui
fe ligueroient avec d'autant plus de
facilité qu'ils fe promettroient plus
d'impunité ou de clémence , ne fe
portaffent à des horreurs encore plus
grandes ?

Je ne puis trop admirer la fageffe
des légiflateurs. Ouvrons le code des
loix qu'ils ont établies : nous verrons
avec quelle exactitude ils ont pefé les
différentes efpéces de fautes , pour
leur infliger des peines proportionnées. Il y a bien peu de nuances en
genre de délits & de châtimens , qui
ayent échappé à leur pénétration. Nous
découvrirons aifément qu'en donnant

tout à la justice, ils n'ont rien refusé
à l'humanité. En les prenant pour modéles, nous ne serons jamais clémens
ou sévères en-deçà ni au-delà de ce
qu'il faut l'être.

✳ RHACOCÈS. ✳

Autrefois les rois de Perse en-
voyoient des juges parcourir les différentes provinces, pour rendre la juftice aux peuples : ces juges étoient
appellés les yeux du roi. Un jour le
père de sept fils, nommé Rhacocès,
mena pieds & mains liées devant ces
juges le cadet de tous ses enfans, qui
s'étoit livré à toutes sortes de débauches, & rendu coupable de plusieurs
actions criminelles, qu'on ne devoit
point attendre d'un jeune homme de
son âge. Il leur en fit le détail, &

leur demanda qu'ils le condamnaſſent
à mort. Les juges étonnés de cette ſé-
vérité d'un père envers ſon fils s'abſ-
tinrent de prononcer aucun jugement, & menèrent le père & le fils
devant Artaxercès, qui pour lors ré-
gnoit en Perſe. Ce monarque, après
avoir entendu les plaintes de Rhacocès, lui dit : *Pourras-tu bien, toi père,
ſupporter la vue d'un enfant expirant
au milieu des ſupplices ? . . . . Oui*, lui
répondit Rhacocès : *lorſque dans mon
jardin je retranche les mauvaiſes feuilles
d'une laitue, loin que cette plante en
ſouffre aucun mal, elle en devient plus
belle & meilleure ; de même, grand
roi, quand j'aurai vu une mort méritée
arrêter le cours des méchancetés de mon
fils, il ne pourra plus porter de dommage à ma famille, & je vivrai tranquille avec ſes frères, que l'horreur du
crime & du châtiment rendra inébran-*

lables dans les fentiers de la vertu. Artaxercès loua beaucoup la fermeté de
Rhacocès, le mit au nombre de fes
juges, en le leur propofant comme un
modèle d'incorruptibilité. Il pardon-
na néanmoins au jeune homme, avec
menace de le punir du plus cruel fup-
plice, s'il retomboit jamais dans fes
premiers défordres. *Elien.*

I V.

De la Pitié.

Notre vue eft frappée d'un fpectacle de mifères & de fouffrances, &
nous fentons à l'inftant naître dans
notre Cœur une tendreffe pour le malheureux qui en eft accablé ; nos en-
trailles fe remuent, nous déplorons
fon fort : voilà un fentiment de pitié.
Jufques-là notre compaffion n'eft que
ftérile, & ne mérite pas le nom de
vertu. Mais nous volons au fecours

de l'affligé; nous cherchons à le con-
foler, à le foulager; nous avons une
pitié active : nous fommes vraiment
miféricordieux.

On pourroit ici agiter une quef-
tion. La pitié eft-elle toujours inté-
reffée? Lorfque nous répandons des
aumônes dans le fein de l'indigent,
que nous nous montrons officieux envers un malade, que nous confolons
un père de la perte d'un fils accompli, un plaideur de celle d'un procès
confidérable; il eft bien vrai qu'extérieurement nous avons compaffion
d'eux, mais peut-être qu'intérieurement nous n'avons pitié que de nous-
mêmes : non pas que nous foyons dans
aucune de ces pofitions fâcheufes ;
mais nous connoiffons l'inconftance
des chofes humaines. Un revers de
fortune peut enlever au riche fon opulence, au puiffant fon crédit & les di-

gnités : l'Homme le plus robuste & le plus sain peut être tout-à-coup attaqué d'une maladie incurable ; il n'y a personne de nous qui ne craigne la mort prochaine d'un parent ou d'un ami tendrement chéri ; *& quel est le plaideur qui malgré son bon droit* ne soit dans le trouble & l'inquiétude ? Or si nous tombions dans quelqu'un de ces cas affligeans, nous serions charmés qu'on fût touché de notre état. Ainsi pouvons-nous assurer que notre pitié actuelle à l'égard des autres, ne quête point pour l'avenir la compassion des autres pour nous-mêmes, & par conséquent qu'elle ne soit point intéressée ? Voilà le doute, & la raison de douter. Voici ma solution.

La compassion chrétienne n'est point désintéressée, du moins par rapport à l'éternité que le chrétien se propose toujours pour fin dernière dans toutes ses actions... Faites le bien, dit David, *propter retributionem*, en vue de la récompense. Réjouissez-vous, nous dit la loi nouvelle, du bien que vous faites, parce qu'une grande récompense vous est réservée dans les cieux : *merces vestra magna erit in cœlis.*

Pour ce qui est de la compassion naturelle, il est certain que chez beaucoup de gens elle est intéressée : ce n'est pas alors une vertu, quoique ses effets ne tendent pas moins d'eux-mêmes au soulagement des particuliers, & au bon ordre de la société, que si elle étoit un sentiment exempt de toute vue d'intérêt. Mais on voit tous les jours des grands, dont la puissance & les richesses font pour eux un état si bien affermi qu'ils n'appréhendent rien des caprices du sort, courir avec empressement au secours des foi-

bles , prévenir les besoins des indigens , & taire leurs bienfaits. Certainement leur pitié n'est point du tout
intéressée : ce sont des ames compa-
tissantes par l'amour de leurs devoirs
dans l'ordre de la nature , & qui , si
elles y ajoûtent des motifs surnaturels , accomplissent pleinement le pré-
cepté de la charité, en quoi consis-
tent la loi & les prophétes.

N E R V A.

Nerva, surnommé Cocceius , avoit
une extrême sensibilité pour les malheurs d'autrui ; & cette sensibilité n'é-
toit pas une pitié oisive & de pure
spéculation ; mais c'étoit une compassion vive & agissante. Le trait le plus
éclatant qu'il en donna , fut le rappel
... tous les chrétiens qui avoient été

bannis

bannis du temps de Domitien. On peut
encore juger de la bonté de son Cœur
par l'abolition de plusieurs nouveaux
impôts, par la restitution des biens
qu'il fit faire à ceux que Domitien en
avoit dépouillés, & enfin par le serment qu'il fit de ne jamais ordonner la
mort d'un sénateur romain. *Eutrope*,
Bede, *& autres.*

V.

De la Cruauté.

On peut distinguer deux espéces de
cruautés : l'une, de ces fléaux du genre
humain, qui prennent un singulier
plaisir à le tyranniser ; l'autre, de ces
Cœurs insensibles, qui sans être la
cause directe des malheurs d'autrui,
les contemplent d'un œil sec & tranquille, & ne pensent point à les adou-
cir.

1°. Auroit-on jamais pu croire, si

Q

les faſtes de l'hiſtoire de tous les ſié-
cles n'en étoient une preuve convaincante, qu'il y eût des Hommes aſſez
féroces pour ſe faire un délice de la
peine de leurs ſemblables, pour aimer
à les tourmenter, à multiplier leurs
ſupplices, à en inventer de nouveaux,
quelquefois même ſans être excités à
tant de fureurs par aucune vue d'intérêt ou de vengeance? Il y a plus : combien de monſtres de cruauté ne ſe
ſont pas mis en peine de chercher à
couvrir du moindre prétexte les bar-
baries qu'ils exerçoient! Mahomet fut
cruel par un motif d'ambition, & par
la néceſſité où il ſe trouvoit, relative-
ment à ſes vues, de détruire promptement tous les obſtacles qui pourroient
les traverſer.

Les perſécutions du chriſtianiſme
naiſſant prétextoient la crainte d'une
uſurpation prochaine de la part de

ceux qui le proffoient. Motifs ou prétextes vains & criminels sans doute. Mais sous quel voile spécieux, dans quelle vue plausible Phalaris fit-il brûler vif dans le ventre d'un taureau d'airain celui qui l'avoit fabriqué ? Si c'est un fait incontestable que Neron fut l'incendiaire de la ville de Rome, quelle excuse ou quelle raison de sa fureur pouvoit-il alléguer ? L'envie d'être moins grand, moins puissant ? Nos provinces méridionales se souviennent encore des cruautés gratuites d'une foule de petits seigneurs, qui s'érigeoient en despotes vis-à-vis leurs vassaux. Mais un sage ministre en a délivré la France, & a cimenté de plus en plus sur leur ruine la souveraineté de ses monarques.

La vengeance est aussi une cruauté : j'en ferai un article à part.

Il faut avouer qu'aujourd'hui la

cruauté de la première espéce est plus rare & plus retenue qu'autrefois. Les Hommes deviennent moins féroces, à proportion qu'ils cultivent leur esprit ; & sans doute ils en ont l'obligation en partie aux gens de lettres, qui policent la société, & métamorphosent la rusticité d'une vie animale en une politesse de mœurs douces & raisonnables. Mais c'est sur-tout la religion qui peut effacer dans les Cœurs la rudesse que la nature y a laissée.

2°. C'est encore une cruauté de ne point secourir celui que l'on voit plongé dans l'infortune. Vous n'avez pas nourri les pauvres, dit un père de l'Eglise ; eh ! bien, vous les avez tués ; *Non pavisti, occidisti.* Rien n'est plus commun parmi nous que cette seconde sorte de cruauté. On ne voit d'un côté que faste, richesses, somptuosité,

magnificence, jeu, & de l'autre qu'indigence, nudité, humiliation, befoins,
On ne peut pas dire que les grands &
les riches de cette capitale ignorent
qu'il y ait tant de citoyens dans la privation des chofes les plus néceffaires à
la vie. Les cris de la faim & de la foif
font trop perçans; & du fein de leurs
fuperbes équipages, ces dieux de la
terre ne peuvent avoir les yeux toujours fermés fur le fpectacle fi fouvent
répété de tout ce que les calamités ont
de plus hideux & de plus effrayant,
D'où vient donc leur infenfibilité? c'eft
de l'inexpérience où ils font de l'a-
mertume d'une fituation malheureu-
fe, ou, ce qui eft le comble de la féro-
cité, du plaifir fecret dont ils jouif-
fent, en voyant fouffrir les autres ;
plaifir qui naît du parallele que leur
orgüeil aime à faire entre leur grandeur, leurs joies, leur indépendance,

Q iij

& la baſſeſſe, les afflictions, l'a-
néantiſſement des indigens qui les environnent. Ils deviendroient bien-tôt
compatiſſans, s'ils réfléchiſſoient que
tous les Hommes ſont de la même
famille, & qu'il n'y en a point qui ne
tienne à tous autre par les liens de la
nature, & plus encore par ceux de la
religion.

« Au reſte la bienfaiſance & la com-
paſſion ne doivent jamais s'étendre ſur
l'indolence ou ſur le libertinage : elles
ſeroient alors une véritable cruauté
envers le pareſſeux & le débauché, &
même à l'égard de la ſociété, dont le
premier eſt un membre inutile, &
l'autre un fléau redoutable.

CAMBISE ROI DES PERSES.

De tous les traits de cruauté qu'on

lit dans les fastes de l'histoire, le plus
inoui , selon moi , est celui-ci. Un
jour Cambyse roi des Perses & des
Médes , fils de Cyrus , demanda à
Prexaspe ce que ses sujets pensoient de
lui , s'ils ne marquoient aucun mécon-
tentement de tout le sang qu'il avoit
versé. Ce courtisan lui répondit qu'on
ne lui reprochoit que de se livrer trop
au vin. Cambyse irrité de ce discours
fit amener devant lui le fils de Prexaf-
pe , auquel il tira une fléche dans la
poitrine , en disant que si la fléche ne
traversoit pas le cœur de l'enfant , il con-
sentoit qu'on l'accusât de trop boire.
L'enfant fut ouvert, & son cœur se
trouva en effet percé de part en part.
Quelle inhumanité ! *Justin , Herodote.*

V I.

De la Libéralité.

La raison & la religion ne défen-

dent point d'acquérir du bien ; elles
condamnent seulement l'avidité des
defirs, l'injuftice des moyens, & l'a-
bus des richeffes. On ne doit eftimer
l'opulence qu'autant que par elle on
eft en état de fubvenir à fes propres
befoins, & de procurer le bonheur de
fes frères. Ce défintéreffement com-
prend tout ce qui eft néceffaire pour
bien ufer des richeffes.

En effet, un Homme qui ne les aime point ne concevra jamais de leur
poffeffion un ridicule orgueil, & fera
fort éloigné de fe faire un mérite de
ce qu'il ne regarde pas comme un bien.
Il fe préfervera donc également & d'u-
ne fordide avarice qui amaffe & en-
fouit, & d'une aveugle prodigalité
qui fe répand en dépenfes inutiles. Il
n'emploiera ce qu'il a acquis que pour
fa véritable utilité ; pour le bien de
ceux qui lui font unis par les liens du

fang & de l'amitié, & pour le plus grand avantage de la société; & c'eſt un bon uſage des richeſſes qui lui fera donner le nom de libéral.

La libéralité étant une vertu dégagée de tout motif de vaine gloire, elle ne ſe propoſe point pour but l'eſtime des Hommes, mais l'accompliſſement du devoir, le ſoulagement des malheureux, & le bien de toute la ſociété. C'eſt par rapport au corps qu'elle prend ſoin des membres, & elle a en vue l'utilité publique dans les bienfaits qu'elle verſe ſur les particuliers. Elle ceſſeroit d'être vertu, ſi elle n'étoit pas dans l'ordre : ainſi non-ſeulement elle agit avec déſintéreſſement, mais encore avec diſcernèment & avec juſtice. Le vulgaire ne voit pas ordinairement les plus importans effets de la ſage diſpenſation des richeſſes. Ce marchand a rétabli ſa fortune à la fa-

veur d'un don considérable que lui a
fait un ami véritablement libéral, &
qu'il lui a peut-être déguisé sous l'apparence d'un prêt. Voilà ce qui frappe
les yeux de ses voisins. Mais ils ne
voient pas que cet ami par sa libéralité a peut-être prévenu bien des injustices qu'auroit pû commettre le
commerçant pour réparer ses pertes,
& qu'il est devenu pour lui une occasion de vertus, en lui inspirant l'amour
& la pratique de la bienfaisance, lorsqu'il sera devenu riche. On ne peut
mieux reconnoître un bienfait, qu'en
tâchant d'imiter son bienfaiteur.

Un Homme libéral porte toujours
son intention au-delà des desirs de l'indigent; il s'en tient au plaisir secret
de faire du bien. Il tait ses largesses,
qui n'ont souvent pour témoins que
Dieu & celui qui les reçoit: il donne
de si bonne grace, qu'on ne sçait si

l'on doit être plus reconnoissant de la libéralité, que de la manière dont elle est faite. Comme ici bas rien n'est moins stable que les richesses, & que le moindre vent contraire les fait souvent refluer loin du rivage où le caprice de la fortune les avoit d'abord accumulées, un Cœur libéral ne s'y attache point. Toujours préparé aux revers, s'il vient à perdre ses biens, il ne les regrette que parce qu'il se trouve alors dans l'impuissance de secourir les malheureux. Au reste il est rare d'être dépourvu de tout, au point de ne pouvoir exercer aucune libéralité. Cette vertu ne consiste pas à répandre beaucoup de richesses, mais à faire & à bien faire tout ce qu'on peut pour le soulagement du prochain. Il y a même plus de mérite à retrancher du peu que l'on a, dont la totalité seroit quelquefois nécessaire, qu'à donmer d'une abondance toujours superflue, & souvent même embaraffante.

***

CIMON.

Cimon l'athénien ne fut pas plûtôt parvenu au gouvernement, qu'il n'eut rien plus à cœur que de donner à tout le monde des marques de fa libéralité. Il la pouffa au point de n'interdire à perfonne l'entrée dans fes jardins, ni fur fes terres, voulant que chacun put jouir des richeffes que la nature a toujours préfentées à tous les Hommes avec tant de profufion. Il ne manquoit jamais d'avoir à fa fuite des affranchis qui portoient des facs d'argent, pour les diftribuer aux malheureux qui fe préfentoient fur fon paffage. On l'a même vu fouvent couvrir de fon manteau des pauvres mal vêtus

rus, & exposés ainsi aux rigueurs des
saisons. Enfin quand une famille ne
pouvoit pas prendre le soin des funé-
railles de quelque parent, il s'en char-
geoit, & les obséques se faisoient à
ses frais. *Plutarque.*

VII.

De la Prodigalité.

L'ostentation est la mère de la prodigalité. On voit que tout le monde
'ime & révère ceux qui donnent,
qu'on adresse par-tout des vœux au
ciel pour ces personnes charitables qui
versent une partie de leurs biens dans
le sein des familles affligées, & qui n'é-
pargnent rien pour diminuer le poids
d'une calamité publique. On n'a point
de plus forte passion que celle de se
voir révéré, adoré de la multitude ; &
dans cette vue on s'épuise en libérali-
tés mal entendues, & plus mal distri-

R

buées, c'est-à-dire, en de vraies &
condamnables prodigalités. Il ne faut
pas fréquenter long-tems un prodigue
pour le connoître à fond. Il se trahit
lui-même dans sa conduite privée.
Vous le verrez souvent épargner chez
lui la plus mince dépense, & se déployer dans le public en des profu-
sions excessives ; il refusera aux siens
le nécessaire, pour fournir du super-
flu à des étrangers. Il retiendra les
gages de ses serviteurs, & fera des
présens à ses amis ; il ne payera pas
ses dettes, il en fera même de nouvelles pour prêter avec éclat. Rien
n'est plus diamétralement opposé à la
justice que cette fausse apparence de
libéralité. Ne seroit-il pas mieux de
récompenser un vieux domestique qui
n'est plus capable de servir, de payer
un ancien créancier dont on a causé
la perte ?

Il y a deux sortes de prodigues. Les uns se ruinent eux & leurs enfans, en faisant passer dans des maisons étrangères des biens souvens plus que suffisans pour soutenir & perpétuer leurs familles. Ce sont des imprudens & des injustes, mais autant à plaindre qu'à condamner. Le tort qu'ils font ne rejaillit que sur eux-mêmes, ou sur des personnes à qui ils sont censés ne devoir aucun compte de leur conduite. Les autres sont de vrais fripons, qui par mille intrigues & mille fraudes ne cherchent qu'à vous ruiner, pour acheter au prix de leurs rapines la bienveillance de ceux de qui ils attendent le succès de leurs espérances & de leurs projets.

Pour n'être point prodigue, mais seulement libéral, il faut sçavoir comment & à qui l'on donne : l'ordre & l'équité doivent distribuer les bien-

faits, non le caprice & la vaine gloire.
La honte du prodigue est de faire de
magnifiques dons à des gens riches,
tandis qu'il laisse languir la veuve &
l'orphelin, qu'un léger secours pourroit tirer de la misère; de ne propor-
tionner jamais ses bienfaits aux besoins, & de les refuser souvent au
mérite & à la vertu, pour en grati-
fier ceux qui en sont indignes à plus
d'un titre. Sa prodigalité est une es-
pèce d'insolence, dont il use à l'égard
des gens persécutés de la fortune: il
semble, par l'éclat de sa dépense, vouloir insulter à l'état de privation où
ils sont comme anéantis.

✳
LUCULLUS.
✳

M. Lucullus fameux capitaine romain, après avoir perdu plusieurs ba-

tailles contre Mithridate & Tigrane
fon gendre, fut rappellé à Rome; &
Pompée fut envoyé par le Sénat en
Afie pour commander à fa place. Lu-
cullus ne fongea plus qu'à fe plonger
dans la molleffe & les délices. Comme il étoit devenu puiffamment riche
aux dépens des Afiatiques qu'il avoit
vaincus plufieurs fois, il furpaffa en
fomptuofité tous les Romains, qui l'a-
voient précédé. Il étoit fi prodigue
d'argent, qu'il ne fçavoit à quelles dépenfes l'employer. Il faifoit percer des
montagnes à jour, & courir la mer
autour de fes fuperbes palais. Sa table
étoit fervie avec une profufion qui en
égaloit la magnificence. Il avoit différentes falles pour y prendre fes repas ;
& à chacune étoit affignée une certaine
fomme d'argent. Il y en avoit une entr'autres qu'on appelloit la falle d'A-
pollon, où le dîner coûtoit cinquante

mille écus. Au reste , il fit un emploi fort louable d'une partie de ses richesses par l'acquisition d'une bibliothéque vaste & nombreuse , où il étoit permis aux gens de lettres de s'assembler. Lu-cullus aimoit souvent à s'entretenir avec eux. *Plutarque.*

V I I I.

De l'Avarice.

L'avarice est plûtôt une foiblesse du cœur qu'une erreur de l'esprit. Je ne m'arrêterai donc point ici à déclamer sur la peine qu'on se donne pour amas-ser des richesses , sur les anxiétés que leur possession cause , sur le vuide qu'el-les laissent dans le cœur , ni sur les re-grets dont leur perte est suivie. L'ava-re n'ignore rien de tout cela ; il en fait une épreuve continuelle ; il sçait qu'en elles-mêmes les richesses ne sont pas un bien , mais seulement un moyen

pour se procurer tout ce qui paroît
contribuer au bien-être de la vie. Mais
il est assez pusillanime pour ne pouvoir
se rassurer contre les frayeurs de l'a-
venir & l'incertitude des événemens.
Le desir de vivre lui fait envisager une
longue suite d'années. Il calcule le
nombre des jours d'une vieillesse infir-
me, & celui des personnes qu'il sera
contraint de s'attacher à prix d'argent.
Il projette de bâtir & de planter alors
pour charmer ses ennuis ; & une
ridicule prévoyance pour des besoins
possibles, l'oblige à manquer d'un nécessaire actuel. C'est un autre Tantale,
qui devant une table chargée de mets
délicats & de vins exquis meurt de
faim & de soif. Comme il fait consister son bonheur non pas à jouir, mais
à pouvoir jouir, & qu'il recule la réalité de la jouissance jusqu'à l'avenir le
plus éloigné, il ne cesse de mettre écu

R iv

sur écu. Il ne dit jamais, c'est assez ;
la soif qu'il a de l'or est une véritable
hydropisie : plus il en a , plus il en veut
avoir ; & c'est une espéce de prodige ,
si ce desir insatiable d'acquérir ne le
porte pas aux injustices les plus violentes ; quoiqu'au reste cette avidité
soit elle-même une injustice aussi contraire au bien de la société , qu'elle l'est
à la félicité de celui qui en est possédé.
Un argent enfoui , & qui ne circule
point , est un argent mort pour le Public. Il n'éxiste pas même pour l'insen-
sé qui ne s'en sert jamais. Autant de
sols que l'avare entasse ; autant de
vols faits à l'état.

Plutarque compare les avares à certains rats qui vivent dans des mines
d'or ; & d'autres Philosophes les mettent en parallelle avec des pourceaux :
semblables à l'une & à l'autre espéce
de ces animaux , ils ne sont utiles qu'a-

près leur mort, encore n'est-ce qu'à
des héritiers qui la desiroient depuis
long-tems.

En condamnant l'avarice, je ne blâ-
merai point l'économie, je la louerai
au contraire : mais j'observerai en même tems que plus éloignée de la prodigalité que la libéralité, elle approche
davantage de l'avarice ; & que sans
beaucoup de discernement dans la conduite, d'intelligence dans le ménage,
& d'attention sur soi-même, il est à
craindre qu'elle ne dégénère en ce vice détesté de Dieu & des hommes. Ordinairement, quand on aime le vin,
on se livre avec le tems à l'habitude
de l'yvresse ; l'amour des femmes devient bientôt un libertinage ; & qui
n'aime point à donner, ne tardera pas
à recevoir, & mettra enfin tout en
usage pour amasser du bien aux dépens
de la société, de son propre bonheur

R v

en ce monde, & du salut éternel de
son ame.

---

*

JEAN XV.

*

Jean XV. CXLII. Pape, fut en horreur à tout le monde pour sa détestable avarice. Ce n'étoit qu'à ses parens
qu'il distribuoit les biens de l'Eglise,
s'imaginant apparemment que par cette conduite il acquéreroit une espéce
de propriété sur ces mêmes biens, en
ne les faisant point passer dans des familles étrangères à la sienne. *Onuphre.*

IX.

De la Générosité.

Les Philosophes ont coutume d'é-
tendre cette vertu à la noblesse dans
les pensées, à la justice dans les ac-

tions, à la constance dans les adver-
sités, au mépris de la vie & des dangers, enfin au pardon des ennemis:
pour moi je craindrois de confondre
des objets distincts, si je ne la restrai-
gnois au seul triomphe que la raison &
la religion font remporter sur le ressentiment & sur les desirs de vengeance. On appelle encore générosité la
libéralité & la bienfaisance. C'est une
seconde acception de ce terme presque universellement adoptée, de laquelle je ne m'éloigne peut-être qu'ici:
& parce que traitant expressément de
cette vertu, je suis obligé de la considérer sous un point de vue qui la
distingue de toute autre. Cela me donne occasion de rappeller à la mémoire
du lecteur qu'il a vu souvent dans le
cours de cet ouvrage les termes de *rigueur*, *sévérité*, *rigoureusement*, *sévè-
rement*, pris dans le même sens, sui-

vant l'ufage reçu , quoique je les aye diftingués , lorfqu'il s'eft agi de les dé-finir éxactement.

Il y a des occafions où un Philofo-phe peut & même doit s'écarter de l'é-xactitude & de la précifion du langage métaphifique , & entendre ce que tout le monde entend par telle ou telle ex-preffion. Mais revenons au pardon des ennemis : la véritable générofité con-fifte non-feulement à pardonner, mais auffi à oublier une injure. De plus il ne fuffit pas de ne faire aucun mal à celui qui vous a offenfé ; il faut en-core chercher à lui faire tout le bien poffible , & cela fans mépris pour lui ; & fans retour d'amour propre fur vous-même : voilà ce qui caractérife la grandeur d'ame ; & c'eft un héroïfme où je ne crois pas que l'homme puiffe atteindre par les feules forces de la na-ture. C'eft auffi un des caractères les plus marqués de la sainteté & de la divinité de la religion chrétienne. Les Philosophes païens ont bien enseigné le pardon des ennemis ; mais par quels motifs, & dans quelles vues ? Hélas ! leurs leçons n'étoient dictées que par un orgueil monstrueux qui, souvent ne connoissant rien au-delà du tombeau, rapportoit tout à la prétendue excellence de l'Homme, comme à sa fin dernière ; c'étoit la crainte de s'avilir, de se dégrader qui les empêchoit de se venger. Ils se croyoient supérieurs à tout, & estimoient l'aggresseur indigne de leur colère ; c'étoient des hommes vains, & non des cœurs vraiment généreux. On sçait ce que répondit un de ces faux sages de l'antiquité à quelqu'un qui lui conseilloit de citer devant les Juges un imprudent dont il avoit été frappé. Si un âne, lui dit-il, vous avoit donné un

coup de son sabot, le traduiriez-vous
en justice ? Cette modération mériteroit des éloges, si elle n'avoit pour
fondement la vanité & l'amour propre.
Au reste, les effets en sont toujours
bons & utiles pour la société ; & il vaudroit mieux encore s'abstenir de la
vengeance par des motifs vicieux en
eux-mêmes, que de se livrer à la fougue d'un tempérament impétueux, &
de causer les affreux désordres qui ne
se renouvellent que trop souvent sous
les yeux des chrétiens mêmes, ou plûtôt des peuples qui professant extérieurement le christianisme ne cessent
de transgresser les loix les plus saintes
& les plus inviolables. Mais ce qui est
incontestable, c'est qu'il n'y a qu'une
religion divine qui puisse arracher
l'Homme à tout lui-même, en lui in-
terdisant jusqu'à la moindre pensée
consentie défavorable pour un enne-

mi qui aura médité sa perte, & en lui
faisant au contraire un commande-
ment étroit de l'aimer comme il s'aime lui-même. Je plains les païens de
n'avoir pas été vraiment généreux.
Leur esprit n'étoit point éclairé des
lumières de l'Evangile, ni leur cœur
renouvellé par l'efficace de la grace
de J. C. Mais les chrétiens sont bien
coupables de se voir à l'unique source
de la véritable générosité, & de se
trouver le cœur vuide d'une vertu si
excellente & si méritoire.

CATON LE JEUNE.

Ce Philosophe étoit un jour au bain.
Un impudent le frappa au visage, sans
le connoître. Mais dès qu'il sçut que
c'étoit un homme de cette importan-

ce qu'il avoit injurié, il alla le trouver pour lui en faire satisfaction. *Je
ne me souviens point d'avoir été frappé, lui répondit ce sage. Sénèque.*

X.

De la Colère.

Avant de parler de la vengeance,
disons un mot de la colère qui en est
le principe. La colère est une courte
fureur, mais dont les effets sont de
longues folies. Elle offusque le jugement, & aveugle la raison, rend souvent pour un rien l'Homme malheureux le reste de ses jours, fait perdre
en peu de minutes des amis qu'on
n'avoit acquis qu'après bien du tems
& des épreuves. Indiscréte, elle révé-
le les secrets les plus importans; ridicule, elle fait des menaces extrava-
gantes; fougueuse, elle s'abandonne
à des excès toujours suivis de repentir,
& quelquefois punis du dernier supplice.

Elle n'entend point la voix des conseils;
elle s'irrite de la sagesse des remon-
trances; & avec tout cela, c'est le
caractère particulier d'un cœur foible
& pusillanime : aussi voyons-nous que
les femmes se fâchent plus aisément
que les hommes, les vieux que les
jeunes, les malades que les gens sains.
La colère est engendrée par l'impatience, ou par l'habitude de se cour-
roucer à propos des plus petites choses. Elle céde aux premiers mouvemens qui l'excitent; & de léger em-
portement elle devient par dégrés aigreur, amertume, desir de vengeance, feu, violence & rage. Alors elle
ne s'exprime que par des juremens,
des imprécations & des blasphêmes;
& l'Homme qu'elle transporte n'a plus
rien de l'Homme, pas même la figure en quelque sorte. Ses yeux étincel-
lans, sa bouche écumante, ses veines

gonflées de fang & prêtes à se rompre ; n'eſt-ce pas là le tableau d'une
lionne à qui l'on auroit enlevé ſes
petits ?

Les remédes contre la colère ſont
1°. de ſe dépouiller de tout ſentiment
d'orgueil : nous eſtimant moins, nous
nous trouverons moins offenſés. 2°.
De ne pas chercher à nous faire illuſion à nous-mêmes, & de ne jamais
ſoupçonner perſonne ſur de légères
apparences de nous mépriſer ou de
nous braver. 3°. Si nous ne pouvons
nous cacher une inſulte reçue, de l'imputer à l'inadvertence, à l'ignorance
ou au peu d'expérience de celui qui
nous l'a faite, plûtôt qu'à une volonté réfléchie de ſa part de nous cho-
quer. 4°. Enfin de ne point ſuivre la
violence des premiers mouvemens toujours indélibérés, d'appeller la raiſon à
à notre ſecours, de faire expirer ſur

le bord de nos lèvres les réponfes que la paffion nous fuggère, & de ne jamais nous juftifier que d'un ton de voix doux & mefuré, la férénité peinte fur le front, & la modération fur tout le vifage.

On peut obferver, en finiffant, que la colère eft de tous les vices celui qui eft le plus infuportable à la fociété, & l'unique qui damne l'Homme fans lui procurer le moindre plaifir. Ajoûtez que dès ce monde l'emporté donne à chaque inftant prife fur lui aux gens qui cherchent à lui nuire, & que de tous ceux que l'on hait, c'eft celui qu'on peut perdre le plus facilement.

VEDIUS POLLION.

Vedius Pollion fe laiffoit aller fi aifément aux tranfports de la colère,

que la plus légère faute de la part de
ses esclaves leur attiroit la mort la
plus cruelle. Il les faisoit jetter tout
vivans, pieds & mains liés, dans un
étang, pour servir de nourriture aux
poissons. Un jour Auguste soupoit chez
lui ; un esclave vint à casser un vase
de cristal. Pollion donna secrettement
ordre de le jetter dans l'étang. L'esclave trouva le moyen de s'échapper,
& vint se jetter aux genoux de l'Empereur, en implorant sa clémence, &
l'informant du châtiment auquel il
avoit été condamné. Auguste surpris
& indigné de la fureur & de la cruauté
de Pollion, commanda qu'il ne fût
rien fait à l'esclave ; & pour corriger
son favori, fit briser à l'instant tous
les vases qui étoient sur la table. Sé-
néque.

XI.

De la Vengeance.

La vengeance est toujours une injustice directement contraire à ce que
prescrit la loi naturelle : car si cette
loi me défend de faire à autrui ce que
je serois fâché qu'on me fît ; comme
je ne voudrois pas, eu égard à la pente
invincible qui m'emporte vers mon
bien-être, qu'on se vengeât de moi
si j'avois eu le malheur d'insulter il
est absolument conséquent que je ne
dois pas concevoir de desir de vengeance contre quelqu'un qui m'a of-
fensé. Ce raisonnement est d'une évidence lumineuse ; & cependant combien de fois a-t-il été contredit ? La
plus forte objection qu'on puisse lui
opposer, c'est que notre nature nous
porte à la vengeance ; mais la nature
humaine est corrompue depuis qu'elle

est *tombée* : il ne faut donc pas confondre ces deux termes, la nature, & la loi naturelle.

Examinons les motifs les plus ordinaires de vengeance. Un regard inconsidéré souvent même involontaire, un geste dédaigneux & quelquefois sans dessein, une parole équivoque presque toujours mal interprétée par celui qui se l'applique : les graves sujets pour se croire déshonoré & pour s'ériger en arbitre souverain de la vie & de la mort des autres hommes !

Mais eussions-nous reçu une insulte réelle, (& il est certain que la haute opinion que nous avons de nous-mêmes la grossira toujours à nos yeux,) nous ne nous porterons pas si aisément à la vengeance, qui nous fait perdre l'estime & l'affection des gens de bien, notre repos, & souvent notre vie, si

nous réfléchissons que l'honnête-Hom-
me ne peut être outragé que par le
méchant. Quoi ! pour assouvir ma fureur , je me rendrai plus malheureux :
On m'a ravi une partie de mon bien ;
& pour m'en venger , je risquerai de
perdre l'autre ! En rendant le mal pour
le mal , je me fais nécessairement des
ennemis déclarés ; au lieu qu'en faisant du bien au méchant , je le con-
trains à se reprocher intérieurement
le mal qu'il a fait , & je puis le rame-
ner ainsi aux régles du devoir , & m'attirer son estime & son amitié. Se
venger de son ennemi , c'est témoigner qu'on le redoute : on s'en tien-
droit au mépris de l'injure , si on ne
craignoit pas d'en recevoir de nouvelles , & on n'employe la vengeance que
parce qu'on s'imagine éviter par là le
mal dont on est menacé. C'est ainsi
qu'aveuglé par son amour propre , on

cherche son repos dans la perte de
ceux dont on craint le pouvoir, &
que sur le plus léger soupçon on se
porte aveuglément à toutes sortes d'injustices & de cruautés. On est assez
vengé, quand l'aggresseur sçait qu'on
a le pouvoir de le punir; & le refus
qu'on fait de la vengeance est une générosité d'ame qui amasse des charbons
de feu sur sa tête, suivant l'expression
de l'écriture sainte; c'est-à-dire, qui
le pénètre de repentir & de reconnoissance. Enfin quelque douceur que
l'amour propre & l'orgueil nous promettent dans les projets de vengeance
& dans leur exécution, n'oublions jamais cette belle maxime: *Soli Deo vin-
dicta*, à Dieu seul la vengeance; &
si nous aimons nos véritables intérêts,
usons ici bas de clémence envers nos
frères, autrement nous serons traités
immiséricordieusement dans l'éternité.

A-t-on

A-t-on des ennemis ? C'eſt ordinairement une preuve qu'on n'eſt pas ſans
vice ; & le moyen de faire diſparoître
toute inimitié, eſt de travailler à ſe
dépouiller de toute imperfection.

Il eſt inconcevable que, parmi les
hommes qui ſont nés pour vivre enſemble dans la paix & dans l'union,
il ſoit beſoin de loix pour cimenter
& entretenir chez eux ces fondemens
de toute ſociété, & pour réprimer les
troubles, les diſcuſſions & les haines;

L'Homme vindicatif s'érige en ſouverain: il graveroit volontiers ſur la
lame de ſon épée : *Hæc eſt ratio mea
ultima* : voici ma dernière raiſon. On
a lu ſans doute autour de nos canons
cette deviſe : *Ratio ultima regum* : dernière raiſon des rois. Mais les particuliers n'ignorent pas qu'il éxiſte des
tribunaux dont tous leurs procès reſ-
ſortiſſent, au lieu que les ſouverains

ne sont subordonnés qu'à Dieu seul)
Quelle folie ! quelle injustice de vouloir que les autres nous jugent sur la
bonté de notre épée, sur la force de
notre bras, non sur la vérité des faits !

Il y a des gens naturellement bons
& clémens, mais que le respect humain arme quelquefois d'un fer vengeur ; que de violentes perpléxités n'é-
prouvent-ils pas alors, causées par la
crainte des jugemens de Dieu, & nul-
lement par l'incertitude du succès !
On les a vus à la tête des armées donner des preuves éclatantes de valeur :
Mais ils se croyent forcés, sous peine
de perdre leur honneur, de sacrifier
leur ame à un malheureux préjugé.
Qu'ils ouvrent les yeux, ils verront
que ce préjugé est d'autant plus injuste, qu'étant absolument contradictoire aux loix de Dieu, il est encore in-
conciliable avec celles du prince.

Nous voici donc arrivés au terme que nous nous étions proposé. Mais pour pratiquer toutes les vertus, & pour fuir tous les vices, il faut une force d'ame qui nous fasse courir ardemment & constamment dans la carrière du devoir, afin d'atteindre à la perfection de la sagesse. Ainsi il est d'une nécessité indispensable d'ajoûter un quatriéme & dernier chapitre.

ALEXANDRE III.

Ce pape étoit de la ville de Sienne, & le 176e. qui occupoit la chaire de St. Pierre; il chassa quatre Antipapes suscités par l'Empereur Frederic I. qui lui fit une guerre très-vive, & ravagea toute l'Italie & la Lombardie. Alexandre fut aidé dans cette expédition par les rois de France, de Sicile, & par les Venitiens. Il força l'Empereur

à se prosterner devant lui , & lui mit
un pied sur la tête , faisant chanter
par un de ses Diacres ces paroles du
Prophete Roi : *Super aspidem & basi-
liscum ambulabis* ; vous foulerez aux
pieds l'aspic & le basilic. L'Empereur
indigné de ce procédé , lui dit : *Je
rends hommage à saint Pierre , non à
vous :* à quoi ce pape répondit : *& à
moi & à saint Pierre.* Cette réponse
découvroit tout le fiel que ce souverain pontife avoit dans l'ame. *Puffendorff.*

CHAPITRE IV.

I.

De la Force.

LA force ou la magnanimité entre-
prend des choses grandes & ex-
cellentes , espère vivement une heureuse réussite , ne s'abbat & ne s'im-

patiente point des obstacles qu'elle rencontre, est ferme & constante dans les
résolutions une fois prises conformément aux loix de la raison & de l'é-
quité.

On ne mérite point le nom de magnanime, pour ne se porter que vers
des objets auxquels on peut atteindre
avec facilité & sans danger. La grandeur d'ame suppose d'un côté des obstacles, & de l'autre des efforts supérieurs. Un roi qui avec une armée de
cent mille hommes (toutes choses
d'ailleurs étant égales) subjugueroit
dix mille ennemis, passeroit-il pour
un héros du premier ordre ? Non,
sans doute ; ces derniers au contraire
seroient autant de soldats magnani-
mes, si dans une circonstance urgen-
te ils se déterminoient à attaquer
cette armée si nombreuse, plûtôt que
de se rendre à sa disposition. Mais

la magnanimité est aussi éloignée de
la témérité que de la lâcheté. Si elle
doit toujours avancer sans craindre les
dangers, elle ne doit pas s'y exposer
imprudemment. Le véritable courage
n'agit point sans nécessité. Avant d'é-
xécuter il consulte, il délibère, & une
fois déterminé, il s'élance avec ardeur & avec précaution vers le but
qu'il s'est proposé. La hardiesse est son
caractère, & non l'audace : s'il entre-
prend des choses difficiles, il ne tente
point l'impossible ; & quelques exemples de témérités heureuses ne le font
point sortir des bornes que la raison
lui prescrit. La force étant une vertu,
ne combat jamais que pour la justice,
& un Cœur magnanime ne sçait point
desirer ou poursuivre la jouissance des
objets proscrits par la raison, par
l'honneur ou par l'équité. C'est une
erreur grossière du vulgaire d'appeller

force, courage, grandeur d'ame, ce
qui n'est souvent que cruauté, imprudence & désespoir.

L'espérance est inséparable de la magnanimité; c'est elle qui la rend active & entreprenante: elle lui prête des
ailes pour voler à son terme, & une
nouvelle force pour franchir toute bar-
rière. On voit des gens entrer avec
courage dans une carrière glorieuse,
y courir sans relâche, tant qu'ils ne
trouvent point d'obstacles, ou qu'il ne
s'en rencontre que d'aisés à surmonter; & perdre toute espérance, s'arrêter ou même reculer, lorsqu'ils
éprouvent une résistance opiniâtre. Ils
ignorent ce que c'est que la magnanimité. L'Homme courageux redouble
ses efforts à la vue des obstacles, semblable à ces fleuves qui roulent leurs
eaux avec d'autant plus de violence
que leur canal se rétrecit d'avantage

Loin de se dépiter contre tout ce qui s'oppose à ses desseins, il s'arme d'une patience invincible, supporte les travaux & les peines, ne s'abbat point des revers imprévus : il en sent tout le fâcheux ; mais sa sensibilité est moins vive, plus sa patience est grande : *Durum, sed levius fit patientiâ quidquid corrigere est nefas.* Il diffère, il temporise, attend les circonstances favorables, se tient, pour ainsi dire, à l'affût des occasions, & s'il échoue, il lui suffit de n'avoir fait aucune démarche qu'après de mures délibérations ; ses projets ont été concertés par la prudence ; mais il sçait que l'Homme le plus sage n'est pas le maître absolu des événemens.

La constance est encore un caractère propre de la grandeur d'ame. Lorsqu'en Hommes vertueux & sages nous nous sommes déterminés, il ne

doit y avoir ni blâme ni louange,
ni promesse ni menace, ni tourment
ni plaisir, qui puissent nous faire changer de résolution. Nous sommes sûrs
que nous suivons le devoir ; nous ne
craignons donc point le repentir, &
par conséquent nous n'aurions aucun
motif légitime de changer.

Cette résolution inaltérable de per-
sévérer dans nos desseins justement
conçus, cette fermeté d'esprit & de
cœur que rien ne peut ébranler, qui
n'agit jamais qu'avec connoissance de
cause, n'obtient pas toujours, comme je l'ai insinué, l'effet desiré, lorsqu'elle se porte vers les choses d'ici-
bas. Il n'est rien de stable dans la nature : de quelque côté qu'on jette les
yeux, on ne voit que changemens,
vicissitudes, contrastes & mélanges
de faveurs & de disgraces, de joies
& de plaintes, de gloire & de honte,

de plaisirs & de douleur ; & dans cette révolution universelle , le but fuit
souvent les traits lancés avec le plus
d'adresse & le plus de force. Mais que
notre constance ait pour objet l'acquisition de la sagesse , nos desirs seront
enfin remplis ; la sagesse est immuable & permanente : ne détournons
point les yeux du trône où elle préside ; marchons avec zèle vers cette
aimable souveraine , le centre fixe de
la vraie félicité ; elle ne se dérobera
point à nos efforts , & nous couron-
nera d'une gloire immortelle. Mais
parlons de la sagesse un peu plus au
long.

AGIS.

Agis , dernier roi de Lacédemone ,
après être tombé dans les piéges qu'on

lui avoit dreſſés, fut injuſtement condamné à mort par les Ephores. * Ce
prince allant au ſupplice, apperçut
un de ſes officiers qui verſoit des larmes. Ceſſez, lui dit-il, de pleurer ſur
mon ſort. Puiſque je meurs injuſtement,
& contre les loix, je ſuis bien plus
grand & bien plus heureux que ceux
qui m'ôtent la vie. Cela dit, il eut la
force d'ame de courir lui-même au-
devant des bourreaux. *Plutarque.*

I I.

De la Sageſſe.

La ſageſſe eſt le complément &
l'enſemble de toutes les perfections.
C'eſt une égalité d'ame qui n'a pour
motif de toute action que le devoir,
une conſtance réelle à l'épreuve des
caprices de la fortune ; je dis réelle,

* Magiſtrats, tels dans leur inſtitution qu'é-
toient à Rome les Tribuns du peuple, & qui
depuis s'étoient attribué toute autorité.

pour la diftinguer de cette conftan-
ce purement extérieure, qui n'eft qu'un
mafque de fermeté que l'amour propre
fait prendre pour tromper les autres.
En public on paroît recevoir avec indifférence, & fupporter avec courage
les difgraces les plus imprévues & les
malheurs les plus terribles ; mais ce
beau dehors n'eft qu'un art impofant,
& le calme apparent d'un vifage fe-
rein cache le trouble d'une ame livrée
à l'amertume & à la douleur. Eft-on
feul ; on donne un libre cours à fes
foupirs & à fes larmes, & la foibleffe
de l'humanité éclate d'autant plus
qu'elle a été plus contrainte.

L'Homme fage examine avant que
de fe décider, réfléchit avant que d'é-
xécuter. L'amour du bien & la haine
du mal font fes confeillers : la raifon
eft fon guide, & la vérité, le flambeau qui l'éclaire. Amateur des fcien-

ces, il préfère l'étude de celles qui tendent principalement à la perfection du Cœur ; & si quelquefois il s'arrête à de pures spéculations, ce n'est que par forme de récréation, & pour pouvoir retourner ensuite avec plus de vigueur à l'éxercice & à la pratique de ses devoirs. Il ne fait rien avec précipitation ; la prudence dirige toutes ses démarches ; la justice est l'ame de ses projets ; la force éxécute ses entreprises ; la modération réprime chez lui jusqu'à l'ombre de tout excès ; le silence repose sur ses lévres : il ne s'enfle point de ses réussites, & n'est point altéré sous le poids des événemens fâcheux & inattendus ; il ne desire rien avec véhémence ; connoissant la fragilité de tous les biens créés, il n'en recherche & n'en prend que ce qu'il lui en faut pour ses vrais besoins ; ou s'il veut en acquérir au-delà, c'est

T

pour le foulagement de fes concitoyens
& pour le bien de toute la société. Sa
compaffion pour l'indigence n'eft jamais ftérile & purement humaine :
fon oreille eft fourde aux infultes ; il
ne les mérite point ; & fon cœur eft
fermé à tout projet de vengeance , il
fçait qu'elle n'appartient qu'à Dieu.

Le mépris qu'il porte aux méchans
ne tombe que fur leur malice ; & s'il
eft dans la néceffité de les punir , c'eft
toujours avec peine & fans colère. Il
fuit avec promptitude tous les écueils
contre lefquels fa fageffe pourroit
échouer. Il n'a aucun commerce avec
les menteurs , les médifans & les ca-
lomniateurs. Ennemi déclaré de ces
fiftêmes monftrueux qui tendent à détruire la nature , les bonnes mœurs &
toute religion chez les Hommes , il
rend au Créateur des hommages fer-
vens & continuels de refpect , d'amour

& de reconnoissance ; & s'il a le bonheur d'être chrétien , & que l'esprit
de l'Evangile soit le principe & la régle de toutes ses pensées , de tous ses
desirs , de toutes ses actions , avec
quelle confiance & quelle consolation
n'aspire-t-il pas à la recompense que
ses vertus méritent par J. C. , & qui
est la plénitude de cette félicité vers
laquelle Dieu a donné à l'Homme un
penchant invincible ?

SALOMON.

Je ne parlerai point du jugement
que ce prince prononça pour connoître la véritable mère de l'enfant qui
fut apporté vivant au pied de son trône. Personne n'ignore ce trait éclatant
de sa sagesse. Je me contenterai de
proposer un des plus parfaits modèles
de toutes les vertus, dont la sagesse est

T ij

l'enfemble & le complément : C'eſt ce don admirable de fageſſe qu'il a demandé uniquement à Dieu, & que Dieu lui a accordé avec plus de libéralité qu'à aucun autre prince qui l'ait précédé ou ſuivi, comme le témoigne l'Ecriture. Salomon eut le malheur dans ſa vieilleſſe de s'éloigner des ſentiers de la juſtice & de l'équité. Quelques-uns prétendent qu'il a enfin ouvert les yeux ſur ſes égaremens. Imitons-le dans ſon attachement aux loix du Très-Haut, ou du moins dans ſa pénitence. Mais ſi nous voulons atteindre à la plus grande perfection, ne nous arrêtons pas à la fageſſe de Salomon. Oſons tâcher de devenir les imitateurs de celle du Verbe Incarné, qui eſt la fageſſe même du Père des lumières, & la ſource inépuiſable de toute intelligence.

CONCLUSION

de tout l'Ouvrage.

Pratiquer les vertus naturelles & re-
ligieuses, & fuir les vices qui leur font
oppofés, voilà l'Homme de bonnes
mœurs, & l'Homme chrétien, que
j'ai tâché de peindre dans le cours de
cet ouvrage, en entrant dans le détail de tous nos devoirs. Un lecteur
attentif aux principes que j'ai établis,
fera aifément convaincu de la réalité
du bien ou du mal moral. Les impies
de nos jours, qui en nient l'éxiftence,
tombent d'accord qu'il y a pour l'efprit
des vérités immuables & indépendan-
tes de la convention des hommes ;
pourquoi n'y auroit-il pas pour le cœur
des régles de conduite fixes & inva-
riables ? S'il faut refufer un guide fûr
à l'une de ces deux facultés de l'ame,
ce n'eft certainement point à la vo-

lonté, dont les actions intéreſſent bien
plus que les opérations de l'entendement le bonheur des particuliers & l'u-
tilité publique: c'eſt le cœur, plûtôt
que l'eſprit, qui eſt le lien de la ſociété. Les Hommes ſe ſont réunis,
non pour paſſer leur vie dans des con-
templations ſtériles ou dans des diſ-
putes frivoles; mais pour ſe donner
des preuves réciproques d'amour & de
bienveillance. Le cœur ne doit donc
pas moins avoir ſes axiomes, que l'eſprit les ſiens. Les idées du bien & du
mal moral ne ſont donc point des
préjugés. On ſçait que l'impie & le
rationaliſte ne répondent jamais aux
maximes de l'honnête homme & du
chrétien, qu'en les taxant de préjugés; mais avant de traiter de préjugés l'aveu & l'exercice des vertus morales & chrétiennes, ils devroient bien
nous définir ce qu'ils entendent par

préjugé. Une opinion fucée avec le lait, & adoptée fur la foi feule de nos nourrices ou des précepteurs de notre enfance, feroit, je l'avoue, un préjugé ; mais lorfqu'au lieu de s'affoiblir à l'éxamen d'une raifon mure, & qui ne cherche point à s'égarer, les motifs qui l'appuient lui donnent de nouveaux dégrés de force & de crédibilité, elle n'en eft certainement pas un, nos foibles lumières ne puffent-elles atteindre jufqu'à fon objet. Ainfi les termes de bien & de mal moral, de vertu & de vice, de devoir & d'infraction, ne font point de purs fons ou des mots vuides de fens.

Mais, me direz-vous, réformez donc mon caractère. Anéantiffez mes paffions, fi vous éxigez de moi l'accompliffement de tous mes devoirs à l'égard de Dieu, de moi-même & de la fociété.

T iv

Non , non , vous répondrai - je ;
gardez-les ces passions , elles sont innocentes en elles-mêmes & dans leur
principe. Leurs objets , lorsqu'ils sont
illicites , en font tout le déréglement :
qu'elles en changent alors ; & elles
deviendront chez vous la fuite du vice ; & la pratique de la vertu. L'a-
mour a de puissants attraits pour votre
cœur : ne cessez point d'aimer ; mais
aimez plus que toute chose l'unique
objet digne de vôtre amour, Dieu seul
qui est la beauté par essence , la bonté
sans bornes & toutes les perfections
ensemble , éxistantes & possibles. Vous
êtes avare : pensez à acquérir ces tré-
sors célestes , ces richesses solides, qui
ne pourront jamais vous être enle-
vées ; & ne vous lassez point de les
augmenter. L'ambition vous dévore :
travaillez sans cesse à gagner les respects , l'estime & l'amitié des honnê-

tes gens ; mais n'en demeurez pas là , aspirez jusqu'à la couronne incorruptible de l'immortalité. Vous êtes sujet à la colère , à la haine , à la vengeance : courroucez-vous contre vous-même ; haïssez le péché plus que la mort ; vengez l'ordre & la vertu , en vous punissant sévérement de vos déréglemens & de vos vices. Je n'ai plus qu'une réfléxion à faire. Les vertus morales sympathisent tellement entre elles , qu'il est impossible d'être un parfait honnête - homme sans les pratiquer toutes ; & il ne faut que l'attache à un seul vice , pour en détruire la chaîne. La liaison des vertus chrétiennes est encore plus étroite : comme l'amour de Dieu est le principe & la fin de toutes , se soustraire aux attraits de l'une d'elles , ce seroit abjurer l'observation du saint & grand précepte de la charité divine , & en même tems renoncer au seul vrai bonheur dont nous puissions jouir dans le tems & dans l'éternité, & pour lequel nous avons été créés.

FIN.

PARTIE III.

DES DEVOIRS DE L'HOMME.
A L'ÉGARD DE LA SOCIÉTÉ.

CHAPITRE I.

CHAPITRE II.

APPROBATION.

J'Ai lû, par ordre de Monseigneur le Chancelier, l'ouvrage qui a pour titre *æthologie*, ou *le Cœur de l'Homme*, &c. & j'estime qu'on en peut permettre l'impression. À Paris, le 17 Août 1755. JAZE.

ERRATA.

pag. 104. Chapitre III. *lisez* IV.